英国简史
A Short History of England, Ireland and Scotland

[美] 玛丽·普拉特·帕米利◎著　　李菲◎译

大宪章，1215年约翰国王　　　　黑王子　　　克伦威尔解散议会，　　威灵顿公爵韦尔斯利　　1899年10月22日维多利亚
签署了《自由大宪章》　　　　　　　　　　成为了英格兰共和国的独裁者　　　　　　　　女王给战士们写慰问信

江西人民出版社
Jiangxi People's Publishing House
全国百佳出版社

图书在版编目（CIP）数据

英国简史 /(美) 玛丽·普拉特·帕米利著；李菲
译. -- 南昌：江西人民出版社，2017.10
ISBN 978-7-210-09625-2

Ⅰ.①英… Ⅱ.①玛… ②李… Ⅲ.①英国—历史

Ⅳ.①K561.0

中国版本图书馆CIP数据核字（2017）第186694号

英国简史

（美）玛丽·普拉特·帕米利 / 著　李菲 / 译

责任编辑 / 冯雪松

出版发行 / 江西人民出版社

印刷 / 北京柯蓝博泰印务有限公司

版次 / 2017年10月第1版

2019年10月第3次印刷

720毫米×1000毫米　1/16　14.25印张

字数 / 200千字

ISBN 978-7-210-09625-2

定价 / 38.00元

赣版权登字-01-2017-585

如有质量问题，请寄回印厂调换。联系电话：010-64926437

译者序

　　拿到这本翻译书的时候，我先大概从头到尾翻看了一遍，看完之后，我只想用一个词来概括——精致。作者帕米利用极其精炼的语言，以及有限的篇幅向我们描述了一个恢弘庞大的历史画卷。当然我们也要理解作者的不易，正如作者在前言中所写"愿这本小书的读者，能够理解描绘一张大宏图的困难，这张宏图中的人物和事件甚众，而宏图所附的画纸却如此小！"

　　尽管如此，麻雀虽小五脏俱全，英国历史上的主要事件和人物都没有少，我们顺着作者给我们描述的画卷，便能很轻松地理清英国历史发展的脉络。

　　全书共分三个部分——英格兰简史，爱尔兰简史和苏格兰简史。本书追踪历史事件的痕迹，看看这些事件是如何促成今日大不列颠的诞生的，并揭露出 19 世纪末期英国文化重要组成部分的起源，如立法、司法和社会等各方面。内容很广泛，趣味性很强，读起来也通俗易懂。

前言

Preface

愿这本小书的读者，能够理解描绘一张大宏图的困难，这张宏图中的人物和事件甚众，而宏图所附的画纸却如此小！本书的主要内容是追踪历史事件的痕迹，看看这些事件是如何促成今日大不列颠的诞生的，并揭露出 19 世纪末英国文化重要组成部分的起源，如立法、司法和社会等各方面。

读者会发现，有两件事物与英国的生活息息相关——宗教和金钱是两项促进英国历史发展的最重要因素。

首先，平民百姓反抗统治阶级压榨钱财；其次，宗教革命也是英国历史的重要组成部分。

英国政体发展成如今的君主立宪制的过程，也主要是因为人们因金钱和宗教的压迫被逼革命的过程。英国的朝代更替和军事史，尽管看起来轰轰烈烈，气势恢宏，但实际上只记述了阻碍英国实现理想的表面缘由。

此外，爱尔兰和苏格兰的历史发展，以及两者与英格兰的合并，在本书中也有简单的介绍。

目录

Contents

英格兰简史

第九章

第十章

第十一章

第十二章

爱尔兰简史

苏格兰简史

英格兰简史

第一章

古英国

英国最悠久的历史镌刻在她的石头中。这些石头告诉我们，曾经，英国东南部港口多佛和法国加莱之间没有海洋阻隔，而且，从地中海到英国奥克尼群岛之间也有一片宽阔的陆地。

环形石柱阵，就是一大堆坚硬的石头阵，现在仍然是一个神秘的存在。凯尔特－雅利安人入驻之前，英国先后出现过两个民族，他们的历史都被简短地记录在这些巨石柱群之中，而雅利安人的历史却没有记录。雅利安人个头矮小，颅骨也不太成熟；据推测，他们是神秘的巴斯克人和伊比利亚人的后裔，这两个民族在南欧的历史并未得到考证。

雅利安人究竟是何时迁徙至此，以上那些族群又是何时泯灭的，这两个问题的答案至今仍然是个谜团。两千年来无可超越的古希腊文明蓬勃成长时，欧洲大陆的西部和北部海岸上，出现了一系列神秘的群岛，古希腊人对此一无所知。

在这水雾缭绕，不为人共知的地方，一支雅利安部落——不列颠人定居下来，他们跟美洲的印第安人一样，是一个古老的民族，他们住在蜂窝一样的房子里，用树枝覆盖当屋顶，用泥巴糊墙。古希腊雕刻家菲迪亚斯塑造巴特农神庙的万神塑像时，古不列颠人正用他们敌人的头颅装饰自己的房屋；如果巨石阵里的那些难看的石头会说话，它们也许会描述出很久很久以前，索尔斯堡平原上出现的残暴可怕的督伊德教仪式。

凯撒的入侵

公元前三四百年时，地中海地区的人们才听说了不列颠人的传说，而直到罗马皇帝凯撒入侵不列颠岛（公元前 55 年）之后，人们才对不列颠人有了更深入的了解。

凯撒并没有真正统治不列颠。但当他在高卢北部的海岸上，威严地扫视到多佛的白垩岩悬崖的时候，不列颠的命运便就此注定了。从那一刻开始，不列颠便落入了罗马人的魔掌之中；公元 45 年，古罗马皇帝克劳狄将这里变成了罗马帝国的疆域。不列颠人抗争四十年，却是徒劳；古不列颠波阿迪西亚女王（公元 61 年尼禄统治时期），与德国的赫曼和法国的韦辛格托里克斯一样，奋起反抗罗马人的入侵，却也是徒劳。波阿迪西亚领导的不列颠卫国起义不仅没有获得成功，罗马还给了这次起义致命的袭击，伦敦城失守，波阿迪西亚最终没能等到她部队获胜的捷报，自杀身亡。不过，后来庄严的威斯敏斯特和圣保罗教堂仍然把波阿迪西亚视为不列颠女英雄。

位于迦太基的古罗马水池遗址

当时的伦敦城里有许多穷苦人住的小屋，还有很多无法拆除的牲畜棚，在凯尔特语里被称为"湖上堡垒"或"林登"，拉丁人听来很粗野的一个称呼，罗马人改称为伦底纽姆，后来又演变为如今的伦敦。

罗马帝国行政区大不列颠

然而，由于罗马牢牢控制住了不列颠人，他们的抗争在公元100年前就完全停止了。罗马人毫不费力地开始在不列颠岛上生存繁衍。过去沟渠纵横、树木掩映的村庄变成了由城墙防护的城市，城里庙宇、澡堂和广场林立，豪华的别墅墙壁上挂着精美的画像，地板由大理石铺就，暖气流将冬天变成了夏天。

于是，切斯特、科尔切斯特、林肯、约克、伦敦以及其他众多城市，就像粗糙的泥土中散落的宝石，星星点点，遍布在英国的土地上，其间就住着风化礼教还很粗放的不列颠人。他们住在泥草糊制的简陋小屋里，因此他们的语言依然保留着古时的风格，民族也保持独立，然而，他们的统治者却贪得无厌，向他们大肆征税，逼迫他们缴纳贡品，他们的所得全都如此交付了出去，一无所获。如果继续，这支罗马文明的后裔也许会被凯尔特－高卢人同化，而凯尔特－不列颠人却并没有这么做。

位于泰西封巴格达附近的罗马斗兽场

凯尔特－高卢人和凯尔特－不列颠人这两个民族毗邻而居，但相对独立（除了在城市中有一些交往之外），很可能，高卢人进军威尔士和康沃尔之前，不列颠人就已经撤退了；如今，英格兰还能找到原始不列颠人的遗迹。

罗马军队撤离

公元 78 年，罗马将领阿格里科拉在英格兰北部建了一座长城，从东部海域一直绵延到西部海域，以此来防御北部高地的原始居民皮克特人和苏格兰人，使罗马的疆域免遭其蹂躏。一个早就习惯了跨越南北方自然的界限来交流的民族，对他们而言，这样的城墙根本不管用。除非这城墙上遍布军队，军队看到这样的防御工事应该也会嘲笑它的；公元 120 年，哈德良皇帝也仿建了一座长城；随后古罗马皇帝安东尼纳斯和塞维鲁也分别修建了长城。由于经常要抵御皮克特人和苏格兰人进攻，罗马人修建了大量公路，将罗马的城市用超级公路网联系起来。

随后，有了三个多世纪的和平。农业、商业和工业迅速发展起来。"财富累积了"，但不列颠人在重重压力下却萎靡不振，社会并没有使他们受益，却将他们的活力磨损殆尽。紧随着罗马的别墅、恶习、奢华而来的，还有基督教。然而，如果说不列颠人已经学会了祈祷的话，他们却忘记了怎样去作战，怎样去管理，于是，罗马帝国走向了衰败。她需要调集所有军队来驱逐西哥特国王阿拉里克及其军队。

公元 410 年，曾经车水马龙的街道和

基督的洗礼

兴盛昌荣的城市都荒废了。这片土地上再见不到浩浩荡荡的罗马军队，只剩下了手无寸铁的平民无助地跟皮克特人和苏格兰人浴血奋战——不列颠人的保护者一走，曾经多个世纪，一直守卫在高地要塞，像猛鹰一样飞扑向敌人的不列颠部队也随之湮灭在历史的尘埃之中。

公元466年，不列颠人惨遭厄运。他们像表亲高卢人一样，邀请日耳曼人跨海来拯救他们，而后果却更加严峻。

盎格鲁和撒克逊

法兰克人[1]统治高卢之后，多个世纪里，跟罗马的关系或战或和，也了解了很多古老的南方文明的知识，从某种程度上接受了南方文明的思想理念。而盎格鲁人[2]和撒克逊人[3]，他们从石勒苏益格－荷尔斯泰因地区[4]涌入不列颠。他们是异教徒，完全不信仰基督教。他们很看不惯罗马的奢侈作风，于是放火烧掉了罗马的别墅、修道院和澡堂。他们来势汹汹，势要毁掉一切，而不是要跟这里的人们融洽相处。不过，法兰克人保留了高卢罗马化、拉丁化的特色，甚至很快就接受

---

[1] 法兰克人，日耳曼人的一支。——译者注

[2] 盎格鲁人，来自丹麦半岛和邻近地区的日耳曼人。——译者注

[3] 撒克逊人，日耳曼人的一支，最早居于波罗的海沿岸和石勒苏益格地区，后迁至德国境内的尼德萨克森一带，故得名。——译者注

[4] 石勒苏益格－荷尔斯泰因地区，现代这一州位于今德国最北部，古时还包括今石勒苏益格－荷尔斯泰因和丹麦南部。——译者注

了当地的宗教信仰。他们只改变了高卢地区的统治者，却没有伤害其文化。

而盎格鲁人和撒克逊人却不一样。他们将自己的宗教、礼仪、风俗习惯、个性和语言都带了过来，并且运用它们（正像如今的英国人，走到哪里都不改其本性一样）。他们将这些宗教、风俗和礼仪根植在无助的不列颠人这里。尽管这里诞生过亚瑟王和他的十二骑士，还有"王者之剑"，但是盎格鲁人和撒克逊人很快改变了这里的基督教信仰，曾经三个世纪的基督教信仰完全被推翻了；而不列颠人的天性和语言深深扎根于英国的土壤，盎格鲁－撒克逊人所到之处，都可以领略他们的语言和个性之美。

上至温莎白金汉宫，下到英格兰的平民阶层（还有美国），都能发现这些五世纪时涌入大不列颠群岛的蛮夷之族的后裔。他们是什么样的种族？如果要了解今天的英格兰，我们就必须了解他们。他们蓄着胡须，身强体壮，皮肤白皙，面色红润，头发呈亚麻色，蓝眼睛里神情冷淡，只知道这些还不够。我们应该了解，那些冷冷的、清澈的眼睛背后藏着的是怎样的心灵；那肌肉发达的胸肌下，脉搏和心跳有多么强烈。

他们心性粗野却真诚友爱，大自然也赋予了他们强健壮硕、结实有力的身躯，而且他们胃口极好。他们是难以驾驭的野蛮人，但本性高贵。

他们也有自己的理想和目标，这些都体现在他们所热爱的简单的歌曲和史诗之中。他们有时会做出很野蛮的事，但通常是为了达成某种职责和目的。为了达到公平，他们会残忍无情。他们动作迟钝，胃口很大，爱喝酒，看似心里没有一丝柔情，让人感觉不到轻松愉悦，然而，在他们真挚却忧郁的本性中，却有很多令人赞叹的闪光点。他们不看重文化，却非常英雄主义。他们甚至也有根深蒂固的宗教信仰，这是很内在的、高贵的思想。所有这些品质都深藏在后来的英国民族心中。婚姻是神圣的，女人是受人尊重的。一人犯错，罪及全家。人们的责任感和使命感很强烈，也对人有约束力。

英国人的每一种个性难道不是都由这样的遗传基因所决定的？从在小窝里醉意醺醺的打斗，到英国绅士"悲伤式的优雅"，一切都是如此；汉普顿、弥尔顿、克伦威尔、约翰·布莱特和格莱斯顿的个性，早在五世纪时，那些好斗而爱喝酒的人就具备了。

瑟迪克

150年后，他们的宗教也变成了基督教。时光让他们的风俗习惯和礼仪不再那么粗粝，并给他们的语言进行了润色。然而，盎格鲁–撒克逊的本性却经受住了时光的考验，从未改变。从古至今，直到永远，盎格鲁–撒克逊人的本性都是以强烈的正义感和坚决拥护人身自由的理念为基础的。这些恒久不变的特性塑造了1400年的英国历史（从公元495年到1895年），以及在美国的盎格鲁–撒克逊族200年的历史。

我们的祖先从他们的故地，带来了一种简单而公平的日耳曼社会和政府体系，其基础就是追求独立自由。家庭被认为是最基本的社会单位。多个邻近的家庭组成了城镇，城镇的主要事务由各家的男性主人负责解决，他们要召开会议决定应该怎么做。

这也是如今"市政会议"和民众政府的起源。"贤人会议"中的那些"贤人"，在遇到困难麻烦时会做调解，为解决问题提出建议和意见，而这也是以后立法和司法机关的原型，而国王或"郡长"，也不是压迫者，而是更年长、经验更丰富，适合当领导的人。第一位撒克逊国王瑟迪克，其实只是瑟迪克"郡长"。

开始的时候，撒克逊是一支自由平等的民族。他们不用卑躬屈膝，不用低头为奴。这支未开化的强劲的文明比罗马文明更强，但个性有点残暴，让人感到害怕，而建立在凯尔特－不列颠人政权的基础之上的罗马文明，只能被摧毁掉。罗马的律法、语言、文学、信仰、礼仪，全都被清理干净了。只有古时的建筑遗址、硬币、残垣古道记录着那300年的历史。

不列颠人又如何了呢？他们仍然在爱尔兰和苏格兰苟延残喘，但现在，除了威尔士和康沃尔，英格兰再没有了他们的踪迹。就像美裔印第安人一样，他们被遗忘在了自己国度中最偏远、最难以抵达的角落里。这看似残忍，但却不得不如此。如果我们要建造高大的城堡，那么选址一定不能在沙地上。我们不相信凯尔特人是英国各民族的祖先，就像我们也不相信沙地上能建造我们的宗社祠堂一样。如果没有日耳曼人，我们也不可能跟法国结缘。似乎，那高高在上的凯尔特民族，由于其发展较快，与这世界格格不入。在不列颠、高卢和西班牙，凯尔特的位置被日耳曼民族所取代，而他们的文化也被日耳曼文化所吸收。如今，数个世纪之后，曾经显赫一时的凯尔特民族再没有独立，苏格兰高地和爱尔兰曾通行的凯尔特盖尔语，以及威尔士和布列塔尼的民族方言，现在已经变成了一种少数民族语言，往日那个伟大的民族也变成了少数民族，那个民族曾经占据的区域，比如今的德国、希腊和拉丁民族国家的总面积还要大啊！爱尔兰问题的解决方案也许就在于，爱尔兰人在跟一个无法匹敌的对手战斗；他们本就属于一个即将走向灭亡的民族，他们的存在只不过是一根独特的丝线，跟其他更普通、忍耐力更好的民族编织到一起。

日耳曼入侵

命运的典籍记载，北海的那个绿岛上诞生了一个伟大的国家。以古罗马的地盘为基，由凯尔特 – 不列颠人的后裔所创，是一支被湮没了的文明，不仅创造了一个国度，而且还改变了世界历史的进程。我们野蛮的先祖将石勒苏益格 – 荷尔斯泰因的很原始、纯洁、强健的根基扎在了地球的这个地方，形成了一个新的民族。这个民族不是波斯、希腊，更不是罗马，却吸收了他们的所有精华，成为了后世文明的领袖。

日耳曼部落入侵时，朱特人 [1] 是他们的先锋。公元 449 年，亨吉

---

[1] 朱特人，住在丹麦半岛的古代日耳曼部落的一支。——译者注

斯特[1]和霍撒[2]占领了英格兰东南端的肯特郡，这不过是入侵的序曲。不久之后盎格鲁人紧随其后，占领了所有撒克逊人没有侵占的地方（北部和东部海岸），这时，大戏的主角全都登场了，戏剧才正式开始。盎格鲁人试图以自己的名字命名这块土地（盎格鲁之地），而撒克逊人为王，王位从瑟迪克一直传递到维多利亚女王。

英王室统一

尽管他们觊觎彼此的财富，但还是结成了兄弟同盟。消灭不列颠人的同时，他们也在相互打杀。七个政权，四个盎格鲁王和三个撒克逊王，300年间一直试图打倒对方，然后最终成为一个强大的联合体——这只有单一民族的国家才能办到。两个世纪里，撒克逊人一直占据统治地位，直到这两支民族漫长的斗争终于结束- —瞧，盎格鲁人和撒克逊人共同占领的英格兰统一由撒克逊国王统治了！其他的小王国——如诺森布里亚[3]、麦西亚[4]、东盎格利亚[5]、肯特[6]、塞西克

---

[1] 亨吉斯特，亚瑟王时代前的撒克逊王。——译者注
[2] 霍撒，朱特人首领，是亨吉斯特的兄弟。——译者注
[3] 诺森布里亚，876年前，一直都位于英格兰北部的小王国。——译者注
[4] 麦西亚，中世纪早期七国时代的七国之一，位于今英格兰中部。——译者注
[5] 东盎格利亚，英格兰东部的小王国。——译者注
[6] 肯特，不列颠岛南部的古盎格鲁人所建的王国。——译者注

斯[1]、东撒克逊[2]——作为郡县被保留了下来。

公元802年，查理曼大帝忙着统一庞大而复杂的罗马帝国时，瑟迪克的继任者，撒克逊人艾格博特也在统一规模较小、寿命更长的英格兰王国，而统一的历史也就此而始。

查理曼大帝雕像

日耳曼人侵入英格兰，禁止基督教，但它却在爱尔兰－不列颠人之中存活了下来。爱尔兰并没有信仰异教。他们满怀热情，不仅保住

---

[1] 塞西克斯，中世纪七国之一。——译者注

[2] 东撒克逊，英格兰东部7世纪早期七国时代的七国之一。七国时代是指从5世纪到9世纪，居住在英格兰的盎格鲁－撒克逊部落的非正式联盟，由肯特、萨塞克斯（南撒克逊）、威塞克斯（西撒克逊）、埃塞克斯（东撒克逊）、诺森布里亚，东盎格利亚和麦西亚七个小王国组成。——译者注

了基督教在爱尔兰的地位，甚至派遣了传教士去皮克特人居住的高地，以及北海沿岸的其他地区传教。

罗马教皇格里高利大帝发现，这一支凯尔特的基督教分支，活动范围比拉丁派的基督教要广阔得多，于是，他也开始了一项推广基督教的活动，这对后世的影响深远。

第二章

奥古斯丁

还是在肯特[1]，449 年亨吉斯特和霍撒登陆的地方，597 年，一队自称为"来自罗马的过客"的人，在修道士奥古斯丁的率领下，抵达了这里。

他们神色肃穆地朝坎特伯雷而去，胸前挂着一个银制的十字架，带着一幅基督的画像，一边走一边念着他们教会的启应祷文，基督教便就此踏入英国境内，而 150 年前，异教也是通过这里进入英国的。

对欧丁[2]和托尔[3]的信仰已经无法满足盎格鲁－撒克逊人日渐膨胀的灵魂，新信仰的传播迅速，它似乎能够发光照明，照亮了笼罩在人类的过去和未来之上的黑暗。

---

[1] 肯特，今萨尼特岛。——译者注
[2] 欧丁，北欧神话中的神明，是战争、诗歌、知识和智慧之神。——译者注
[3] 托尔，北欧神话中雷、战争和农业之神。——译者注

埃 德 温

一位年长的酋长对时任诺森布里亚国王的埃德温[1]说："噢，国王，冬日的夜晚，一只鸟儿飞进了这王宫之中，它是从黑夜中来的，也会回到黑夜中去，我们的生命也是如此！如果这些陌生人能把那遥远的地方的情况告诉我们，那就让我们听听看吧。"

国王埃德温是最先接受这种新宗教的信徒之一，不到一个世纪的时间里，整个诺森布里亚国都信仰了基督教。

对基督教的接受也给这里的人们注入了新的活力。

卡 德 蒙

卡德蒙[2]，原本是一位目不识丁的诺森布里亚农民，据传他在睡梦中时，一位天使向他显现，教他"唱歌"。"他很听天使的话"。他写了所有关于圣灵的史诗，从上帝创世到基督升天，以及上帝对人类的最终审判等等，英国文学就此萌芽。

一千年以后的作品《失乐园》，也不过是对这位农民诗人的回应而已，他被称作是 7 世纪时的弥尔顿。

---

[1]　埃德温，后来，这一地区以他的名字命名为埃德温区。——译者注
[2]　卡德蒙，公元 7 世纪时的盎格鲁－撒克逊基督教诗人。——译者注

贝达

8世纪时，副主教贝达，一位同样来自诺森布里亚的修道士、学者、作家，为他的民族和国家写下了第一部史书，并在作品中探讨了天文学、物理学、气象学、医药学和哲学等相关领域的问题。这些都是最原始的科学，后促成了"英国科学促进会"和"英国皇家学会"的诞生。英国诗歌之父是卡德蒙，而科学之父则是贝达。

科学的新时代在阿尔弗雷德大帝统治期时达到巅峰，871年，阿尔弗雷德继承了祖父艾格博特之位，成为国王。

他树立了国王的最佳典范，拥有像政治家一样掌控全局的能力，拥有单纯的内心，敏捷清晰的思维，以及对科学的无限热爱。

极少有国王能像他一样堪称"大帝"，他第一次提出了国家法律的概念。他主持修订了诺森布里亚的国家司法法典，以摩西《十诫》为前言，以"黄金定律"收篇。[1] 他选了卡德蒙、贝达、格里高利主教和波伊提乌[2]的作品，将它们翻译并编纂，并对它们进行评论，别人对各种事物的意见和看法，他也能作出剖析。

---

[1] 黄金定律，即己所不欲勿施于人，one should treat others as one would like to be treated oneself。——译者注

[2] 波伊提乌，中世纪的修辞学家。——译者注

阿尔弗雷德

确实，他不仅开创了英格兰的司法系统，也是英格兰的文学和文化之父。1849 年，他的故乡旺蒂奇为这位伟大的阿尔弗雷德国王举行了一千岁诞辰纪念活动。

然而，英格兰却在逐渐衰落，尽管阿尔弗雷德足够英明，却不仅无法挽救其衰落的局势，甚至加快了英格兰衰落的进程。从阿尔弗雷德时代开始，撒克逊的国王戴上了"上帝授予"的神秘光环，国王和平民之间的距离从一步之遥逐渐滑落到天壤之别，平民就降到了最底层，这些低等级的平民蕴含着英格兰的真正实力，这种等级的划分酿成了不幸，这种不幸也是必然的结果。

日耳曼人从他们的故乡带来了奴隶，或称"不自由民"。多个世纪以来，这一小部分人大部分都是战争中的俘虏，还有人是因为穷困、债务，而不得不举家为奴，戴上奴隶的枷锁。奴隶不会遭受鞭打，但却是主人的财产（chattel），在实际生活中的地位跟牲口（cattle）无异（chattel 一词正是源自 cattle）。

此外，政治和社会的变革一直都在加剧社会阶级的分化。随着小王国逐渐扩大疆域，国王统治的地盘也越来越大，这更拉开了他和平民之间的距离。每一块新占领的土地都让国王的地位越来越高，平民的地位却越来越低，往日的自由平等已经完全消失在英格兰了。

英格兰再也没有了"群众会议"和"贤人会议"。早期，英国的生活全都由"群众会议"决定，因此会议的参与者也全都是独立而自由的个人，只有上帝和法律高于他们。而此后，群众却沦为了"奴隶"，受雇主的命令去田间干活，为雇主出力，而且也只听命于雇主。自由公民的减少（或者说民众议政）也促成了盎格鲁－撒克逊政权的衰落，很快，他们就被丹麦人的政权所取代。

对英格兰和苏格兰而言，北欧人一直是它们的天敌。北欧人一直希望能在某个没有防卫的海岸口登陆，所以，英格兰和苏格兰一直没有安全感。从挪威来的狼鱼和海盗烧杀抢掠，然后又回到自己的老巢。这些像狼鱼一样凶残的海盗还曾自夸说："别人要流血牺牲才能获得的，我们只要流一点汗就得到了。"而丹麦人却不一样。他们希望能永久统治英格兰，希望能在这里建立他们的王国，事实上，阿尔弗雷德之前，他们就差点儿统治了英格兰的一个小区域；阿尔弗雷德最伟大的成就之一也是曾将这些入侵者驱逐出了英格兰。1013 年，在丹麦国王斯文的率领下，丹麦军队再次侵入英格兰，经过一场短暂却激烈的战争，英军不敌丹麦军队，英格兰也落入了丹麦人的铁掌之中。

卡努特

斯文的儿子卡努特，继续开拓父亲的辉煌，征服了苏格兰的邓肯国王（后被麦克白暗害），并继续为创建一个庞大的斯堪的纳维亚王国而努力，包括今丹麦、瑞典、挪威和英格兰在内的领土。他是英国史上的不朽人物之一，但是，却也不足以改变历史潮流，一旦有人不服从他，他就觉得是对国王的侮辱，据说，他不再头戴王冠，这表示，他将国王这个称呼看得比自己还重要。

尽管丹麦人征服了英格兰，但在英格兰，这些丹麦人并不像是到了外国。两国的语言几乎相同，两国曾经的姻亲关系，减少了英国所需要承受的苦难，而卡努特更像是一个睿智的英国国王，而不是其征服者。

忏悔者爱德华

然而，这个丹麦帝国在英国的寿命却很短暂，国王的统治期也不长。卡努特的儿子们就不像父亲那么开明，而且他们的个性残暴，征服四十年之后，盎格鲁－撒克逊人再也无法忍受了，而且之前的斗志也得以恢复，他们奋力推翻外国人统治，撒克逊国王爱德华复位，后世称之为"忏悔者爱德华"。

爱德华的个性其实更适合当修道士而不是国王。他比国王更加高尚，喜欢将所有国事都交由戈德温伯爵处理。戈德温是英国史上最伟大的政治家之一，他既不是教士，也不是国王。他为人精明圆滑，大权在握，一直是英王室的实际统治者，1066年，国王爱德华过世，没有留下子嗣，戈德温的儿子哈罗德继位，戈德温这才不再处理政务。

外国军队的侵扰给这些王国造成了无尽的麻烦。公元 1000 年前后，撒克逊某国王和一位诺曼公主的婚姻，成就了一段历史佳话。这位诺曼公主，就是后来"征服者威廉"的祖母。爱德华死后，没有直系的子嗣来继承王位，这一血统的关系也间接促成了野心勃勃的诺曼底公爵威廉渡过英吉利海峡，他很快就为了自己的目的而利用了这一血统关系。

哈罗德

他坚称，爱德华承诺过让他继承王位，戈德温的儿子哈罗德也在忏悔者爱德华死时维护了他的权益。他听到哈罗德继位的消息时，心底非常愤怒，他不是恼怒失去了王位，而是恼怒朋友的背叛。

面对重重反抗和困难，他召集了一帮并不太情愿的贵族和一群散兵游勇，伐木造船，依靠抢掠来的物资，欲一决高下。

森拉克之战（或称黑斯廷斯之战）被一个女人绣进了著名的贝叶挂毯之中。一支利箭射中了哈罗德的眼睛，进入了脑部，仅仅戴了十个月王冠的头颅跌落到尘埃里。因愤怒未平，威廉拒绝为他举行葬礼。

随后，诺曼公爵威廉不仅继位成为英国国王，他还宣称，自堂兄"忏悔者"爱德华过世之后，他就是名正言顺的国王，宣布那些支持哈罗德的人都是叛徒，并将他们拥有的土地收归王室所有。由于当时几乎所有人都忠于哈罗德，因此，这样一来，国家的大部分财产都落入了威廉的私人金库，这不是按照什么征服与被征服的规则而行，而是按照英国的法律条文而行的。

征服者威廉（威廉一世）

封建制度逐渐取代了旧日的自由，国王身旁聚集了一群封建贵族，要求爵位世袭，军事和司法国王不得干涉，比如国王退位以及多个世纪与法国人的关系。威廉是天生的指挥家和征服者，威廉明白当国王的危险性，也知道该如何应对。他利用英格兰早期的宪法和法律，将公平的标杆树立在曾经的"区"和"郡"法庭之中，每一个自由的公民都能够进入其中，他规定，这些法院都由国王直接管理。在德国和法国，下属只服从于自己的直属上级，任何其他人都不必听从，甚至国王的命令都可以不从。而在英国，从这时开始，个人直接忠于本国的国王。

威廉的手里有了无尽的财富，于是赏赐了大房屋给那些跟他一起打天下的部下们。换句话说，他聚敛了英国的地产，并用它们去收买人心。由于有直接听命于他的军队，所以他便能号令全国；与此同时，在一种新的土地所有制的冲击下，封建势力正在逐步瓦解。

1215年，国王约翰向贵族妥协，签署了《自由大宪章》，又称《1215大宪章》，后来成为了英国君主立宪制的法律基石。

由于很快通过了《大宪章》，伦敦城受益颇多——这份《大宪章》并不是国王约翰签名通过的，而是盖章通过的——因为国王[1]不能写出自己的名字。

国王威廉修建了伦敦塔，来护卫伦敦城。伦敦塔曾被用作要塞、宫殿和监狱，而如今，它被视作是英格兰高矮不一的各种城堡和要塞的鼻祖。

国王威廉致力于保护不受法律保护的、受尽歧视的犹太人；他不是慈善家，却总是积蓄财富，一旦有什么需要，且无法用更柔和的办法解决，他就会将钱财分给大家。威廉统治的英国不断聚敛财富。英国人首先建造了石头房屋，就此开创了本土的建筑业。赚犹太人的钱来建造城堡和教堂，唤醒了沉睡的对美的意识。通过与西班牙和东方的犹太人的接触，英国人也开始学习自然科学，并开创了科学启蒙的时代，一个半世纪以后，诞生了思想家、科学家罗吉尔·培根。

这些都不是一朝一夕便能达到的。征服英国二十年后，威廉下令统计估算所有土地的价值，并记录在名为《末日审判书》的土地志之中，这样他才能了解到英王国的地产情况，并据此来限定税额。他在索里兹伯里平原召见了所有贵族和大地主。"巨石阵"里那些奇形怪状的石头，见证了这样一个奇怪的场景：6万贵族和大地主郑重宣誓，只效忠威廉国王，哪怕这要违背他们的领主也在所不惜。有了这样的效果，这一工作也宣告结束。国王威廉用自己的机敏和智慧，使两支

---

[1] 这里的国王是指维多利亚女王是其后第25位继任者。——译者注

文明和谐相处，并在合适的时间遏制住了封建主义的瓦解，还保证了所有英国人的完全自由。因此，诺曼征服者直接保护了英国旧日的自由。

威廉的个性具有双重的特点，既有古挪威人的特色，也富有英格兰的新特色，两种特点奇妙地交融于一体。他是他们民族最杰出的代表人物，拥有挪威人的胆量和强硬，兼备温情和抱负。他的复仇心理不会因怜悯而有所缓和。法国阿朗松的城墙上挂起了兽皮以侮辱他母亲（制革工人之女）时，他便挖出了囚徒的眼睛，砍断了他们的四肢，并将他们扔过了城墙的墙头。他做这些，并拒绝给哈罗德下葬，这是由于他心中有凶残狼鱼精神在。但是，他来自一个有希望成功的文明，他不能通过制定法律条文去约束死亡，他很乐意跟温顺而虔诚的主教安塞姆谈论生死之谜。

征服的间接好处之一就是丰富了古文化的内涵。由于罗马继承了古王国的文明经验，因此，英格兰也通过法国继承了拉丁休系，并加入了世界最高级的发展潮流之中。法国的科学成就也促进了教会的改革。罗马法律被植入了简单的日耳曼权利体系之中。国家和社会大众共同进步，而语言也变得更加流畅、高雅、丰满起来。

再加上古代风俗习惯的影响，这给国家的发展缩短了大量时间，但却并没有改变盎格鲁－撒克逊人的本性和语言。胃口极佳的日耳曼人完全能够消化吸收这些新鲜的元素，并保持本性不改。班扬的作品和圣经都是撒克逊语所著，它是今日英格兰人幼时和成年时一直都在说的语言。真诚的人——需要帮助的人——说的是撒克逊语。这个民族的个性和语言都没有改变，国会下院、埃塞克厅会议也有一小部分诺曼人，无论哪里都有诺曼人的痕迹。

5 世纪时，穿过北海而来的"船只"带来了让英格兰变得伟大的特质。盎格鲁－撒克逊人利用征服他们的新文明和新体系来装扮自己，就像穿一件绣花的衣服一样；衣服里的身躯，虽然被文明的外衣所装饰，但本性却未曾改变。

第三章

行业工会和自治郡县

一个国家真正的历史，不在于其国王的丰功伟绩，而在于其人民的抱负和斗争。在征服者威廉及其两个儿子和一个孙子的统治之下，英格兰的发展逐渐趋于稳定。

英格兰逐渐改变了以往撒克逊人以血统组建的单纯的社会结构，形成了一种以占有资产的多少来划分阶层的社会。

9 到 10 世纪时，"和平俱乐部"开始在欧洲出现。在德国和高卢，这种俱乐部是遭到明令禁止的，但在英格兰，得到了国王阿尔弗雷德的肯定。俱乐部成员相互负责，他们的格言就是，"出现了灾难，我们一起承担。"阿尔弗雷德在这句话里看到了一个更大的"家庭"，而这"家庭"也是撒克逊人的社会结构之根基，将这个理念融入国家，这个国家也就此迈开了扩张的步伐。因此，诺曼征服英格兰之后，野心勃勃的国王们试图征服法国和爱尔兰，与负隅顽抗的贵族们开战之时，英格兰的商人、工匠和教会则创造了一支更强劲的力量，去完成更加艰难的战争。

国家的真正活力正体现在这些"自治市镇"和"行业公会"之中。

将自由言论、自由集会和公平的权利从暴君手中夺过来的，是那些商人老板和工匠。底层的民众逐渐获得了自由，反抗压迫的战争打响了，不是由骑士和贵族领导的，而是由强壮的市民和工匠领导的。盎格鲁－撒克逊人悄无声息地打造了坚不可摧的英国自由主义的根基。

威廉二世

"征服者"威廉将英格兰交给了二儿子威廉·鲁弗斯，而诺曼底

位于埃克塞特大教堂的十字军墓

则给了大儿子罗伯特。1095 年[1]，欧洲的骑士们跟东方的撒拉逊人[2]之间爆发了一场持续时间很长的伟大战争[3]。罗伯特为了筹钱参加第一次东征，将诺曼底抵押给了弟弟，占领法国西部的征程开始了，通过武力和联姻的方式，五十年内将英格兰领土从苏格兰边境扩张到比利牛斯山。

"征服者"威廉的儿子亨利（一

[1] 这里是指"征服者"威廉过世八年之后。——译者注
[2] 撒拉逊人，阿拉伯人的古称。——译者注
[3] 伟大战争，十字军东征。——译者注

世），接替了兄长威廉·鲁弗斯之位，继承了父亲的管理才能，完善了父亲所提出的政府结构的细节。他开启了一套司法系统，除了自己的臣子和皇家的牧师之外，他还组建了一个上议院，院长即被封为大法官。他还创造了另一个议院，那时候，这个议院的所有王室臣子一年都要聚会三次。这个被称作"王庭"的机构，要处理的都是关于国家财政收入方面的事务。它的会议桌桌面就像一个棋盘，参与会议的人们被称作"财政大臣"。亨利还很明智地创造了小贵族的圈子，那些旧贵族很看不起他们，但他们却中和了旧贵族的高傲气质，拉近了贵族和人民之间的距离。

亨利一世

因此，亨利执政三十五年，逐步实现父亲定下的目标，他与撒克逊公主的联姻完全抹掉了外族征服的痛苦，而且还让旧日的撒克逊血脉回归了王室。然而，这种希望的寄托者，年轻的王子从诺曼底回来时却带着 140 位年轻的贵族登上了"白船"[1]，却再没有回来。据传，他的父亲自此再没有展露过笑容。亨利死后，他的侄子斯蒂芬继位成为国王，执政二十年，无子嗣。

---

[1] "白船"，1120 年 11 月，该船在今法国诺曼底附近的巴夫勒尔海域失事，船上只有两人生还。——译者注

亨利二世

王位交回给了亨利一世的女儿——撒克逊公主玛蒂尔达，她嫁给了法国昂儒公爵杰弗里。这位杰弗里，人称"美男子"，他的头盔上总要配一支昂儒金雀花树枝，因此，他们的儿子，英格兰亨利二世也被称作"金雀花"亨利。

亨利二世及其后代统治的时期也被称作"金雀花王朝"。王朝的首位国王亨利二世是个勇猛而鲁莽的人，很切实的革命者，一点儿也不多愁善感，然而城府很深。

贝克特之死

他的首要目的就是要遏制权势日渐强大的教会，规定教会要受民事法庭制约。为此，他结交了教堂主教托马斯·贝克特，后来任命他为大法官，以帮助自己达成目的。然而，自贝克特担任坎特伯雷大主教起，他就变成了亨利二世原本想要遏制的教会的护卫者：亨利发现了，他寄予了很大希望的人反叛了他，非常恼火。于是，两人的矛盾斗争不断。终于，一次气急时，国王叫道："有哪位勇士能帮我除掉这个出身低微的教士就好了！"而这话却被人当成了命令执行。四位爵士快速溜到了坎特伯雷大教堂，在祭坛杀害了大主教贝克特。亨利听闻消息，非常震惊，跪在染着朋友的血的祭坛上，叫人像对待罪无可恕的犯人一样用棍棒狠狠抽打自己。这场谋杀十分残忍，甚至造成了基督教世界的恐慌。贝克特被命名为圣徒；他的墓地有很多传说，成百上千年以来，许多遭受创伤的人都会涌入坎特伯雷墓地，希望能通过一睹圣人遗骨来化解悲痛，治疗伤病。

然而，亨利的目的还是达到了。在他统治期内，教会一直都在王庭的管辖之下。他还继续进行了亨利一世时施行的法庭重组工作。他将整个王国划分为多个司法区，这就完全限制了贵族的法定管辖权。行政体系与如今的也很相似；随着法庭的不断完善更新，上诉法院也就形成了，这也是他的发明，包括"星法院"[1]和枢密院。

但所有针对贵族的打击，最致命的就是恢复从普通百姓中征兵，这样一来，国王就不用靠封建贵族的家臣来服兵役保卫了。

两位爱尔兰首领发生了争端，请亨利帮忙调停，争端结束后，爱尔兰就变成了英格兰的附属国，而且由英格兰国王指定的总督管理。撒克逊人守卫不列颠免遭皮克特人和苏格兰人侵扰的戏码重新上演了。

这位亨利二世，金雀花王朝的第一任国王，个性暴躁，粗短的脖子，腿如弯弓，敏锐、粗暴、倔强，富有激情，让英格兰变得更昌盛更自由，然而他却变得更加专横起来。这让后来的国王丢弃了前朝的优秀品质，继承了他这种专横的个性。

亨利得知自己最爱的儿子约翰正谋划背叛自己，心都碎了。他在

---

[1]　"星法院"，以滥刑专断闻名于世，1614 年被废除。——译者注

心灰意冷之中过世（1189 年），这位冷静实际的老国王将王位留给了一个浪漫的梦想家——理查，他甚至不会自己国家的语言。

理查一世

　　狮心理查（理查一世）是一个浪漫主义的角色，而不是一个成熟的国王。王国的政务他没有丝毫的兴趣。他的目光只专注于圣地耶路撒冷，而不是英格兰，在位期间，他几乎在圣地待了整整十年时间。

　　十字军东征，点燃了丹麦人遗留下来的北方人冒险的精神，英格兰举国为之疯狂。在巴勒斯坦付出了血和财的代价之后，英格兰只剩了一些建筑遗迹和纹章[1]。但对整个欧洲而言，利益却是不可估量的。贵族们的钱财都被榨干了，按照《自由大宪章》的规定，他们大量的财产都落入了勤俭的市民手中，《自由大宪章》解开了贫苦人的镣铐，打破了黑暗岁月的魔咒。

　　狮心理查死时也跟活着时一样，不是作为一个国王而亡的，而是一名浪漫主义的冒险家。他想要继续在巴勒斯坦的战争，将王室的财

---

　　[1] 纹章，西方一门研究纹章设计与应用的学问。Heraldry 一词源自"传令官"，据传，中世纪的比武大会上，骑士全身披挂，要靠盾牌上的纹章才弄得清每个人的具体身份，大会上的传令官凭此向观众报告骑士的比武情况，逐渐传令官就成了"纹章专家"的代名词，heraldry 一词也由此诞生。——译者注

产藏在法国，而为了保护这些财产，他被一支箭射中后身亡。

1199 年，狮心理查的弟弟约翰继承了王位。他的名声很臭，下流、残暴、背信弃义。他的兄弟杰弗里娶了法国布列塔尼的康斯坦茨，他们的儿子亚瑟是以凯尔特英雄人物的名字来命名的，也成为了英王室的继承人之一。莎士比亚的《哈姆雷特》并没有夸大这孩子的悲惨命运，他残暴的叔父确实想要烧毁他的眼睛，认为如果他瞎了，就没有成为国王的资格。然而，死亡却比眼盲更加无情，亚瑟的保护者休伯特无力拯救他。一个"心如雄狮一般坚硬"的人在法国鲁昂[1]结束了这个年轻人的生命（1203 年）。

约翰

而英格兰国王也成为了法国国王的封臣，法国国王菲利普要求约翰就此与他签订契约。约翰却拒绝现身，法国的领地也就被收回了。1204 年，约翰眼见着从英吉利海峡到比利牛斯山的大帝国瞬间就变成了英格兰王国。

我们如今在地图上看到的英格兰，就像是吊在法国西部一块石头，但也明白，"在那并不起眼的小岛上"躺着的那个国度曾经有多么强大，是约翰的邪恶让她变得不堪一击。

---

[1] 鲁昂，法国北部的港口城市。——译者注

　　无能的国王成就了英格兰的宿命。他的残暴冷酷，无视臣民的权益，使英格兰陷入了危机，这个危机奠定了英格兰未来的基石，永远支持着英格兰追求自由。

《自由大宪章》

　　两个世纪后，法国也发生了同样的变故，国王查理七世与民众联合起来反对贵族爵士。13 世纪时，英格兰的贵族和民众团结一致反叛国王。他们起草了一份《自由大宪章》，其条款都是保护英格兰自由公民的平等权利的。1215 年复活节，爵士贵族们率两千名全副武装的骑士，在牛津附近面见国王约翰，要求他签署《宪章》。约翰很恐惧，于是问他们签名的时间和地点，"时间是 6 月 15 日，地点蓝尼米德。"他们回答。

　　如今，这份泛黄的、干巴巴的羊皮纸文稿就被保存在不列颠博物馆里。蓝尼米德之誓，《自由大宪章》签署的是约翰后裔之名，而蓝尼米德多个世纪以来都是英格兰最神圣的地方。

　　我们对约翰的印象就是"神赋君权"，而这一幕结束了，"砰"地砸落到地上，产生了化腐朽为神奇的效果！"他们给

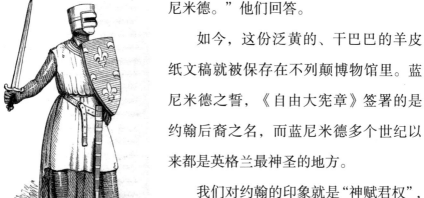

查理七世的武器和铠甲

我加了 25 位国王！"国王愤怒地大喊，其实是指那 25 位负责履行《大宪章》条款的贵族。

一年后，国王约翰之死究竟是出于恼怒，还是因为桃子和苹果酒吃得过量，还是由于有人下毒，历史并未给出明确的解释。但是，英格兰并没有为这位签署《自由大宪章》的国王而难过哭泣。

第四章

亨利三世

约翰的儿子亨利三世，统治了英格兰56年时间。这个没有决断力、铺张浪费的无用国王为了自己的穷奢极欲浪费钱财，努力维护《大宪章》的条款，却并没有留意到，在他的王国内，诞生了一支全新的更高级的力量。

这时候，由于十字军东征，法国巴黎已经成为了伟人的知识复兴的中心。我们已经见识到，受人轻视的犹太人在诺曼征服的时候将一种更高级的文明带进了英格兰。随着他们的金钱积蓄而来的是知识和文化，这些都是撒拉逊人教他们的。十字军东征时期，通过与东方的古老文化打交道，这些文化的基因全都复活了过来；欧洲长期麻痹的思想就像是遇到了朝阳的晨雾一样，马上消散了踪迹，英格兰也重新感受到了生命的活力，牛津也就此获得了重生。

那还不是今天高贵的牛津，只不过是一帮乌合之众，大声喧哗，寻欢作乐的年轻人，来自英格兰、威尔士和苏格兰，冲破了父辈之间的仇恨走到了一起。

他们就是一团散沙，对基督教会和当时的政治举措有超前的见解时，就会去他们所在的小镇街头抗议，因此牛津的暴动成为了每一次政治大变革的序曲。

十字军东征战士在战斗

在这种暴动的氛围中，似乎科技是无法发展壮大的，但当时学术风潮却开始盛行，牛津大学的民主思潮也令国王震惊，想要自由研究科学的精神也震撼了教会。

这种古典的学术风潮，汲取了古希腊和拉丁的思想，造成了思想界的强烈震撼。这就像是发现了一个从未见过的更广阔的世界，这世界奉行的是全新的理念，对过去的行为观念完全抛弃，完全否定，无视其存在。一种质疑和否认的精神随之产生。他们此时才明白，为什么法国神学家和哲学家彼得·阿伯拉[1]要说"真理远高于信仰"，

---

[1]　彼得·阿伯拉，1079-1142年，因用古希腊逻辑原理来阐释中世纪天主教义而被控为异端。——译者注

为什么意大利诗人们要嘲笑"不朽"的梦想。这种新的文化要求尊重异教徒，尊重犹太人。难道欧洲的新思想不是从这些犹太人手中获得的吗？

罗吉尔·培根

罗吉尔·培根就沉醉其中，无论新思想还是旧思想，像一个想冲破时代黑暗的巨人，试图通过使已知的知识系统化来达到目标。他的《大著作》的著作意图本就是希望将这些知识的财富传播给那些没有学识的人。然而，他的梦想还未实现便过世了，在真理的晨曦刚冲破黑暗重围，露出一丝丝微光之时，他完成了他的著作，这一著作的价值，一直到多年后才被人察觉。

怀揣着父亲未竟的收回法国领土的梦想，亨利三世撤销了《自由大宪章》，在他的统治期内，他一直与贵族和人民开战，贵族和人民由于共同的危机感而团结到一起，在英国贵族西蒙·孟福尔的领导之下，为自己的自由而团结奋斗。

第一个真正的议会

贵族和主教们举行集会的地点在牛津镇。这个集会一直都被称作

"议会"[1]，1265年，西蒙·孟福尔不仅召集了贵族和教士，每个城镇还选了两位镇民，此外，每个区还选了两名市民参加，这也是第一次采用代表制。商人和老板第一次跟贵族和教士在一起开会，人们就已经越过了这一道雷池。而这些改变真正生效、真正采用是在30年后，即1295年，距今已有600多年了（按作者的时代而言），第一次真正的议会会议才得以召开。但1265年牛津的那次集会就已经出现了"上议院""下议院"的分别，"民有、民享、民治"的政府也是此时开始形成。

爱德华一世

亨利三世的儿子爱德华一世继承了王位，他不仅批准了《大宪章》，还在条款中增加了特权条款。对犹太人的驱逐，是他统治期间的一大败笔。

他统治了威尔士北部，曾经，这里的不列颠人和威尔士人一直是特立独行的存在，作为对被征服区的酬谢，他将继任者封号定为"威尔士王子"。

威斯敏斯特大修道院也是在这时建成完工的，并且开始成为英格兰杰出人物魂归后的葬身所。火药的发明也是在这一时期，它让穿着

---

[1] "议会"，由"谈话"一词演变而来。——译者注

铁甲的骑士们多了一种防御外敌的手段，而且这一时期还征服了苏格兰。而魔石似乎就是伯特利教堂里雅各布的枕石，据传雅各布是苏格兰的守护神，这块枕石被带到了威斯敏斯特大修道院，并成为了英王室加冕礼的座椅，从那时以来，英国国王的登基典礼都会在那里举行。

征服苏格兰

苏格兰却并没有像爱尔兰那样，因这次征服而遭受什么磨难。苏格兰人没有变成奴隶，他们可不会束手就擒，从而被征服。

苏格兰国王罗伯特·布鲁斯领导了一场伟大的革命，进而统治了英格兰，由于在班诺克本[1]的伟大胜利，布鲁斯的名字也因此而镀上了一层荣耀之光辉。

我们无须回顾，爱德华二世的个人声誉多么声名狼藉，这惹恼了他的妻儿，他们让他禅位，不久之后他就被谋杀了；王后的男宠莫蒂默摄政，这真是可耻。然而，爱德华三世却是个铁腕国王。刚满 18 岁，他就组建了议会。莫蒂默在泰伯恩刑场[2]被处以绞刑，他的母亲王太后被终生监禁。

---

[1] 班诺克本，苏格兰中部一城市。——译者注
[2] 泰伯恩刑场，旧时伦敦刑场。——译者注

我们已经遗忘了旧日的英格兰。代表议会制的英格兰，议会有下议院，因为有了更深更广的知识而拥抱了梦想，建造了威斯敏斯特大修道院的英格兰，以火药和编织闻名的英格兰，这都是我们如今所熟悉的。残暴的国王和对领土和权势的贪欲，使国家的发展磕磕绊绊，一直延续到爱德

黑王子

华七世时期；1906 年的结果早在 1327 年时就已经有所显现，当时爱德华三世刚刚登基为王。

征服了苏格兰之后，爱德华三世侵入了法国——这只不过是英格兰试图征服荷兰的序曲，只是国王征服他国雄心壮志的开篇。1346 年，英法克雷西之战，英国战胜了法国，（后来在法国西部城市普瓦捷的战争中也是如此），给好战的国王及其儿子"黑王子"爱德华带来了无尽的声望。小口径火炮也是在那时第一次派上战场。骑士们和弓弩手们都轻视这小巧玲珑的玩意儿，但却发现，这小火炮能够给敌军的马匹造成惊吓和威胁。

爱德华三世

爱德华三世给英格兰披上了一件战袍，而英格兰之后也为此付出了沉重的代价。他将王权提升到了一个更高的高度，从这以后，财政

支出也多了很多。他还封了自己的儿子们当公爵，这也是仅低于国王的一个全新的爵位，大地主和男爵们，自那时以来就成为了国王的监视者。他是英格兰卓越的人物，也是英格兰的标志性人物，但他也让法国人开始觉悟，并使他的继任者们陷入一场持续百年之久的毁灭性战争之中。

"黑王子"死后，一种可怕的瘟疫"黑死病"侵袭了被持久战争折磨得奄奄一息的英国。英勇的老国王爱德华三世，一生荣耀辉煌，却带着难过和受伤的心灵进入了坟墓，勇猛的爱德华王子之子继承王位，史称理查二世，是金雀花王朝的最后一位国王。

然而，这金雀花王朝的最后一位国王既不够有才华，也不够有智慧。他的祖父花费了巨大的代价打下的大好江山，对这位软弱的国王而言不过是个累赘。还要为过去的荣耀缴纳巨额的税金，这让人们群情激愤。人们逐渐摆脱重负，引起了彼此的对立斗争，最底层的民众也感受到了压迫，他们在一位铁匠瓦特·泰勒的领导下，奋起革命（1381 年）。

经王室特许，生活恢复了平静，然而，人们却学会了一种摆脱不公平境遇的新方法。空气中酝酿着一种新的氛围。人们问，为什么占少数的贵族衣着华丽，而普通平民就破衣烂衫呢？这是英国第一次反对财富暴政的革命，人们在街头总能听到这样的吟唱："当初亚当耕田夏娃织布，那时谁是淑女绅士？"（即人人生而平等，并无尊卑贵贱）

早期的撒克逊国王统治时期，国家走向灭亡的缘由是国王与人民之间的距离甚远。那时，人民总是很被动，势力总不够强劲，然而盎格鲁－撒克逊人从那时以来便汲取了教训，认为践踏民众的权益，拉低民众的社会等级是不明智的行为。

威 克 立 夫

约翰·威克立夫[1]，一直向人们揭露罗马教廷的丑陋，人们的愤慨让教皇和教廷惶恐不安。以牛津为中心地区的人们对教廷产生了质疑，并调查了教会专横独断的证据。威克立夫坚称，《圣经》是基督教的基础，还将《圣经》翻译成了撒克逊英语，这样人们就能自行了解基督希望教导世人的话。

16世纪马丁·路德的抗议不过是对14世纪威克立夫的回应，——反对那种完全脱离了精神世界的教廷的残暴控制；走向衰败的时候，教廷紧紧控制住其创始人放在高山之巅"神明之后"用来引诱人的东西，目标就是使教廷拥有世俗权力。

这些斗争接连不断，持续时间相当长久。英格兰当时盛行三种语言——教堂里用的是拉丁语，上流社会通行法语，而普通民众说的是英语。英国诗人乔叟作诗的时候会根据读者群来选择语言，而自然，

---

[1] 约翰·威克立夫，1320-1384年，牛津神学院教授，英国学术哲学家，改革家和《圣经》译者，是14世纪时罗马东正教的革命者。——译者注

威克立夫翻译《圣经》的时候也是如此。法语和拉丁语退出了历史舞台，"王室英语"成为了英格兰文学用语和通行的语言。

理查二世原本应该做一个明智而伟大的国王，此时挺身而出压制这些不同势力，然而他却什么也没做。这种民怨沸腾的场景不过是因王位而起的私人恩怨的根基。可怜的国王卷入了跟所有阶级和党派的对立之中，议会认为他不再适合主政，于是废黜了他，并将王冠授予了他的堂弟兰开斯特郡的亨利（1399年），金雀花王朝时代宣告结束。

第五章

兰开斯特王朝

亨利并不是因继承而得的王位，而是被选出来的。他是议会随意选择的。亨利的父亲是兰开斯特公爵冈特的约翰，不过是爱德华三世的一个较年轻的儿子。根据王位世袭制的严格规则，王位的竞争者还有两位，而且都比亨利年长，他的堂兄约克郡公爵理查，宣称是克莱伦斯公爵和约克郡老公爵的双重继承者，而两位又都是爱德华三世的儿子。

这后来演变成了英国历史上最臭名昭著的"玫瑰战争"。

这表明了议会权力有了比较大的提升，甚至能够决定国王由谁来当。再怎么傲慢自大，目中无人，国王都必须屈服于它。如果没有议会的事先许可，不征得臣子的同意，亨利不能随意制定法律法规，不得提高税额。然而，腐败的势力已经生成，这势力注定要让英格兰多年无法重获自由。

因为战争和王室的奢侈挥霍，国家逐渐走向了贫困，这也让下议院的成员们开始觉醒，准备反抗。这个国家对所谓的异教邪说残忍至极，沉重的压迫与反压迫斗争不断。国王、教士、贵族团结一致，高高在上，想方设法扼杀人民的意志。

国王无法直接抗拒议会的决定，他就会找一帮拥护自己的人来抗拒。于是下议院通过自治市镇的行贿以及暴力，来获得足够的权利采取极端的手段。原本花费了巨大代价而获得的自由遭遇了挑战。

亨利四世

亨利四世是兰开斯特王朝的第一任国王，他在英格兰点燃了迫害教徒的火苗。臭名昭著的《异教法规》于 1401 年通过。第一个受害者是一位否认圣餐变体论教义的牧师，他被处以焚刑而亡。

神学教授威克立夫留给人们的不是一个党派，而是一种情绪。信奉威克立夫的教徒们被称作罗拉德派，他们不是一个组织，而是同样心怀革命精神的一群人，由于对当时社会的不满而团结起来，他们发起的运动是由于憎恶而不是热爱，从根本上而言，他们的运动就是一场反对不平等社会的革命。就跟所有类似的革命运动一样，过程中总会有愚蠢而不明智的行动，而这样的行动出现总有特定的理由。丢弃旧的信仰，转而相信新的信仰，对国家和社会而言，是有很多风险的。

亨利五世

亨利四世继位的十四年里，总有这样的运动发生，随后，他的儿子，好酒的哈尔王子继位成为亨利五世，也仅仅在位九年，不过他取得的成就是无可匹敌的。

法国当时由摄政女王执政，这位女王品性不端，也不够明智，因为野心勃勃的爵士们而头疼不已，这可是她最为脆弱的时刻，而阿金库尔一战，亨利五世轻易就打败了法国，完全挫掉了她的锐气，后来还娶了她的凯瑟琳公主，并宣布她为法国的摄政女王。他简单向法国新娘求婚的过程被记录在莎士比亚的作品中，给那一段时光镀上了浪漫主义的色彩。

然而亨利的光荣时代被另一个国王打断了。亨利突然患病而亡（1422 年），只留下了一个仅仅 9 个月大的婴儿，他成为了"英格兰和法兰西国王"，而亨利的兄弟，时任贝福德公爵，担任摄政王。

奥尔良之战

后来，由于农村少女圣女贞德的谋略，法军解了奥尔良之围，这场战役，成为了法军旗开得胜的转折点。

后来，查理七世成为了英国国王。英国人被驱逐出了法国，百年战争以英国的失败收场（1453 年）。英格兰失去了阿基坦[1]，从亨利二世以来，那里本来被英国占据了两百多年的时间，而且诺曼的土地再也不属于英格兰了。

爱德华三世给英格兰留下的阴影很深。一场毁灭性的战争使得英格兰资源枯竭，禁锢了它的自由，战败使它不堪重负。所有阶层的人心都被拉紧了心弦。政府不得不为此而负责，通常，会有很多人因民愤而遭遇弹劾、杀戮，以及反抗，不过都会被镇压下去。

但是，由于社会动荡不安，封建王朝已经变成了一个废墟，一个空壳，但还是非常强盛，正像一棵橡树，根部死亡很久之后，枝叶依然繁茂，依然轻轻摇曳。伟大的沃里克伯爵加入议会的时候，有 600 位身着制服的家臣跟随。英法战争的末期，杰克·凯德领导两万人起义，这些起义者并不是以往的奴隶和隶农，而是农民和工人，他们希望能减少赋税，选举自由，要求解除对他们的服装和生活的束缚，这就表明，他们明白了自己应得的权益，并且甘愿为之一战。

然而，个人疯狂的野心将会造成更大的伤害，也会更加毁掉英格兰的命运。由于议会的介入，兰开斯特家族成为了王室，这违背了传统，根据传统，继承者应是最年长的约克郡公爵理查，他有两个儿子莱昂内尔和爱德华，都是爱德华三世的后裔，因此他的地位也得到了稳固。

---

[1]　阿基坦，今法国西南部盆地。——译者注

玫瑰战争

从 1450 到 1471 年，为了自私的目的，爱德华三世的后裔们参与了一场毁灭性最强的战争，他们参与这场战争的目的都是自私的，没有人会去拯救人性中的阴暗面。谋杀、死刑和变节，加上一系列阴谋诡计，足以让英国人永远讨厌"白玫瑰"和"红玫瑰"。

伟大的沃里克公爵让支持白玫瑰的约克郡获得了胜利，将兰开斯特王朝的国王囚禁在塔楼之中，将他的妻儿流放到国外，并让爱德华[1]成为了英格兰国王。

在一个合适的时间，凭借一个合适的借口，沃里克公爵无耻地跟逃亡的王后展开了沟通，竭尽所能帮助王后，并将自己的女儿托付给王后之子——年轻的威尔士王子爱德华，从战乱的尘埃中拾起了红玫瑰——将被沃里克公爵送进囚牢的囚徒再次捧上王位——只为了看着他再次被约克党人拽下来——最终再回到囚牢之中，爱德华的妻子被囚禁，而他的儿子死在了图克斯伯里，是被约克派的贵族刺杀而亡的。亨利六世"神秘"死在了囚牢之中，就跟所有被废黜、被囚禁的国王一样；沃里克死在战场上，而约克家族的爱德华四世继位成为国王。

以上就是"玫瑰战争"以及国王缔造者沃里克伯爵的故事。

---

[1] 爱德华，约克郡理查公爵的儿子，原本应该是理查公爵继承王位的，不过他却在斗争中死亡了。——译者注

约克王朝

"玫瑰战争"接近尾声时，封建主义也已成了废墟。根部死亡的橡树被风暴刮倒了。曾经威风一时的封建王朝已经毁灭。王朝的80位国王已经走完了全程，大半数贵族不是死在了疆场或绞刑台上，就是被流放到了国外。人们甚至见到过国王的连襟埃克塞特[1]公爵，光着脚一家一户地讨要面包。

王室没收了王国五分之一的地产，新国王得到了大量的财富。现在，他不再需要召集议会投票决定自己的财产收入了。教士们热情不再，显得力量很疲弱，没有生命力，而且，他们一直对科学发展持有敌意，于是更加依赖国王，而议会，尤其是没有什么实权的下议院，很少受到召集，几乎已经不存在了。国王正是在这一片废墟之上，爬上了自己权力的巅峰。

爱德华四世

爱德华四世执政期是君主专制时期。他没有什么需要畏惧的对手，只有他那个心怀鬼胎的弟弟，格洛斯特公爵理查，在爱德华执政的二十三年里，他一直在小心翼翼地谋划登上王位所必须采取的

---

[1] 埃克塞特，今英格兰西南部城市。——译者注

步骤。

这位理查阴险狡诈，丑陋不堪，就是个邪恶的魔头。爱德华四世死后，他不幸的儿子爱德华五世就成为了继承人，他的阴险叔叔理查成为了他的监护人，后来爱德华五世继位，叔叔理查成为了摄政王。

理查三世

这位"监护者"是如何"监护"自己的侄儿的，这是众所周知的。两个孩子[1]被囚禁了。大家都不愿相信那个传言，即他们实际上已经遇害了；然而近两百年后，人们在通往他们监禁地的台阶下发现了两个孩子的袜子，这似乎也印证了那个传言。

报应很快就来了。两年后，理查倒在了博斯沃思之战中，王冠落入了大量罪犯手中，他们将它丢到了山楂树丛下。随后王冠又被捡拾起来，并戴在了一个更有头脑的帝王头上。

---

[1]　这里是指爱德华五世和约克郡公爵理查。——译者注

亨利七世

　　兰开斯特家族的成员之一，亨利·都铎继位成为亨利七世，他与约克郡公主伊丽莎白[1]婚姻永久性地将红白玫瑰两派团结了起来。

印刷机发明

　　国王们交相更替，平民百姓只是远远观望着。即便他们不再在政府享有一席之地，他们的内心世界还是得到了开拓。卡克斯顿印刷了世界上第一本英语书，从而建立了自己的印刷厂，"所有艺术品的防腐剂"（印刷术）将新知识带进了千家万户。哥白尼发现了新的天空，而哥伦布发现了新大陆。从此，太阳不再围绕着地球转，而大地也不再是一大

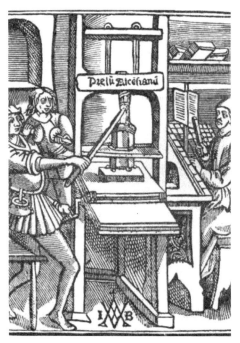

早期印刷机

---

　　[1]　伊丽莎白，那两位死在监牢中的王子兄弟的妹妹。——译者注

块平坦的土地。一股古典学术风潮开始在牛津复生，伟大的荷兰传教士伊拉兹马斯[1]建立了各种学校，并使人们为即将到来的变革有心理准备，很快，德国传教士马丁·路德（1466-1536年）就贴出了95条论纲，也是从这时起，马丁·路德开始了一场伟大的革命运动。

---

[1] 伊拉兹马斯，文艺复兴时期北欧伟大的荷兰人文学家和学者，尽管他对教会的批判导致了宗教革命，然而他却反对暴力活动，并谴责马丁·路德。——译者注

第六章

亨利八世

1509年，一位18岁的英俊的年轻人继承了王位，英格兰的希望之光再次被点亮了。他才智过人，为人坦率，谦恭有礼，也乐意接受新知识，赢得了所有人的心。在他的监督下，主教伊拉兹马斯对教会进行了清理，国王对政治和社会有着"乌托邦"式的梦想，托马斯·莫尔爵士[1]感觉这位年轻的亨利八世可谓是自己的知己。

查理五世像

通过联合对手卡斯提尔[2]和阿拉贡[3]，西班牙逐渐变得强大起来，于是，年轻的亨利被安排与卡斯提尔国

---

[1] 托马斯·莫尔爵士，英国政治家，以他对理想国"乌托邦"的理解而闻名于世，但后因反对亨利八世与王后阿拉贡的凯瑟琳离婚而被监禁并砍头。——译者注

[2] 卡斯提尔，西班牙古国。——译者注

[3] 阿拉贡，今西班牙与法国交界处，原本也是西班牙古国。——译者注

王卡斯特尔和王后伊莎贝拉之女结婚，这位凯瑟琳公主比亨利年长六岁，原本是他的兄长之妻，而亨利只是沉默地接受了她为王后。

在弗朗西斯一世的统治下，法国已经变成了一个堪比西班牙的强国，而英王亨利也踌躇满志，跨上了更大的历史舞台，穿过英吉利海峡，去面对强敌。法国征服英格兰的旧梦再次上演。法国国王弗朗西斯一世和德国查理五世在相互争斗以求争霸欧洲。随着他们之间的竞争，亨利的野心也初现端倪，准备护卫英格兰与德国的友谊。很快，他就陷入了一场外交竞争之中，竞争中的三个王国都希望能胜过其他两个国家。

沃尔西

亨利所缺乏的经验和技能都被总理大臣、红衣主教沃尔西所填补，他的个人野心就是坐上教皇的宝座，他巧妙地加入了这王庭游戏之中。这样的局面非常引人注目，但却被意外打断了，而伊拉兹马斯和莫尔德黄金梦，即通过科学知识的普及而使英格兰逐渐发展壮大的梦，也完全被摧毁了。

马丁·路德大胆地在威滕伯格的教堂门上贴出了反对教会的论纲，多个世纪以来被压抑着的愿景、悲伤和失望喷薄而出，欧洲大地上生出了一股强大的风暴，动摇了其根本。

英格兰既已加入欧洲政局的大游戏之中，她就从一个三流国家一

罗马教皇

跃而成了强国，当时，宗教新改革很快席卷了欧洲大部，而亨利八世抵制这种改革，相信天主教的欧洲非常满意亨利的做法。

然而，一个女人的双眼即将改变这一切。亨利八世看着安妮·博林迷人的双眼，就产生了对与自己兄长的遗孀凯瑟琳的婚姻的不满。他向总理大臣沃尔西吐露苦衷，而沃尔西也答应帮忙跟教皇沟通，以确保亨利跟凯瑟琳离婚。然而凯瑟琳却是查理五世的姨母，而查理五世又是罗马天主教跟信教之间斗争的胜利者，他的势力可不容小觑。因此，离婚的诉求遭到了拒绝。

此时的亨利八世已然不再像18岁时那样的柔情了。他无视教皇的拒绝，于1533年迎娶了安妮·博林，并以不遵从他的命令为由将大主教贬黜了。"她就是把我拉下来的力量。"总理大臣沃尔西这样评价安妮，他因为未能说服罗马教皇，被革去了红衣主教之职，后来心碎而亡，避免了遭受绞刑架之苦。

国王内心一直沉睡的恶魔终于觉醒了过来。他不会破坏法律，却会按自己的意愿修改法律。他组建了一个并不强势的议会，迫使他们通过法案，承认他和安妮的婚姻。另外还规定，他可以自己选择王位继承人，并使他本人成为英格兰教会之首。教皇在他的国度被永远废黜了，新教赢得了一次血腥的胜利。

亨利自己就能决定什么是正统宗教，什么是异端邪说，违背他的意愿就等于死亡。变节者和异教徒同样都会上绞架，不承认王权至上的天主教跟反对圣餐变体论的新教并驾齐驱。国王这次皈依新教是出于政治目的，而不是因为信仰；他鄙视路德提出的论纲，但是，太过相信与太过怀疑是同样有害而无益的。砍掉的头颅就像树林里飘落的树叶一样，三年内，那位改变了英

一个色彩灰暗的陶盘，讲述了一个教徒和异教徒之间的寓言故事

格兰，也几乎改变了整个欧洲的王后安妮·博林，最终也走上了断头台（1536 年）。

专制主义的"恐怖统治"确实是建立在对手的废墟之上的。贵族的权力已经不复存在了，教会惊慌失措，议会成为了一个仆人，只要遭到传唤，就会向国王点头哈腰。本是议会选举出来的国王，议会还要向他低头。"去，明天通过我提出的提案。"国王说，"不然，明天就要砍掉你的头。"第二天，提案通过，上千万的教会财富便充了公，被用于赌博挥霍一空，或是直接进入了国王的口袋。

接替沃尔西职位的托马斯·克伦威尔，就是国王手中的得力令箭。这位马基雅弗利"君主论"的信徒，不带任何愤怒、憎恶、遗憾、惋惜之情，平静地将人们送上断头台，就像伐木工砍树一样，王国里最尊贵的人都被记录在他的小册子上，被冠以"异教徒"或"叛徒"之名。其中最优秀最有智慧的托马斯·莫尔爵士，他不认为国王与凯瑟

琳的婚姻非法，因为他无畏地坚持这种观点被砍了头。

安妮·博林被处死的第二天，亨利就娶了简·西摩，婚后生下一个儿子（后来的爱德华六世），简·西摩却在生孩子时死亡。1540年，克伦威尔安排了欧洲最普通平凡的一个女人，克里夫斯的安嫁入了皇室。而这位王后亨利却一点也看不上，很快就与王后离婚了；克伦威尔曾让德国画家霍尔拜因画了一张并不太好看的国王画像，用以开玩笑，但国王却因此而怨恨克伦威尔，这在当时就意味着死亡。1540年，克伦威尔被送上了断头台，同一年，国王亨利八世与凯瑟琳·霍华德结婚，但这位新王后也落得跟安妮·博林一样的下场。

最后一位王后凯瑟琳·帕尔，是一个虔诚的新教徒和改革者，她原本也是难逃厄运的，却侥幸逃过了。而亨利当时已经65岁，健康状况非常差，1547年，亨利过世，这位死亡之神的生命也终于走到了尽头。

无论亨利八世为何要改信新教，但这一举动确实让英格兰走上了迅猛发展之路；很奇怪，英王国的命运完全是两位最糟糕的国王改变的。

爱德华六世

亨利八世过世之后，王位由简·西摩的儿子继承，史称爱德华六世，当时才10岁。他眼见父亲不断娶妻，并且也对自己的两位姐妹玛丽和伊丽莎白继承王位的合法性产生了怀疑，于是，年轻的国王不得不指定自己的表姐简·格雷为自己的继承者。她当时十七岁，非常敏感而有思想，是个热心的革命者，她阅读的是希腊和希伯来的作品，写的是拉丁语诗歌，是史上最可怜的人物之一，她不情愿地戴上王冠，然而十天之后，她年轻的丈夫被囚禁了起来，而后死亡。爱德华六世过世之后，她被授予英格兰女王的头衔。然而，令人意外的是，这一次继承却遭遇了一次起义，甚至连新教徒派也参与其中。简·格雷夫人被囚禁了，而信仰罗马东正教的玛丽登上了王位。议会宣布，亨利八世与第一任王后的离婚无效，而他的第一次婚姻成为了唯一一次合法的婚姻。于是，这次议会运动将伊丽莎白冷落一旁，她被囚禁在高塔之中时，她冷酷无情的姐妹玛丽正在努力找寻证据，试图指控她为当时革命的共犯，她此刻似乎更靠近断头台，无缘王位。

伊丽莎白女王登上"金鹿号"船

玛 丽

我们记得，玛丽·都铎的血管里流淌着残忍的西班牙国王的血液，还混杂着亨利八世的血液，那我们是不是能断定，她就是个冷酷无情的女王呢？她和西班牙菲利普二世联姻，推翻了她父亲所建的王国。跟父亲亨利八世不一样，玛丽很容易受信念驱使，跟她外祖母西班牙伊莎贝拉一世一样，她认为，如果不迫害新教徒，就没有尽到护道的责任，将无法进入天堂，而是进入炼狱；她很残暴，尽管也夹杂了一点点人性，但仍然有一点狂热，而且她非常希望能让天主教徒菲利普二世开心。但菲利普却仍然坚持留在西班牙；她用磨难的火光点亮英格兰时，加莱——自爱德华三世以来，英格兰军队在这里驻扎了两百多年时光——英格兰在法国的最后一块占领地，失守了。在这些突如其来的公私事务的打击下，玛丽死亡了（1558年），统治期仅5年。

玛丽的妹妹伊丽莎白继承王位的合法性仍然遭到质疑，因此仍然可能走上母亲被处死的那个断头台。有理由相信，是菲利普二世扭转了大局。对他而言，伊丽莎白比另一位近亲玛丽·斯图亚特更适合继承王位，玛丽·斯图亚特嫁给了法国皇太子（Dauphin，法国皇太子的称号），而法国又是菲利普的敌人和对手。英格兰信仰新教，总比让法国掌控欧洲大局要好吧！

第七章

伊丽莎白

亨利八世和安妮·博林之女伊丽莎白，一个受尽耻辱和磨难的女王，戴上了英格兰女王的王冠。如果当时的王室像现在这样看重血统的话，英格兰可能会害怕这个不忠的王后和冷酷无情的国王的后裔的。但是，玛丽一世的母亲凯瑟琳是最尽职而优秀的母亲之一，而玛丽一世给英格兰的历史抹上了一个巨大的血污，伊丽莎白却是英格兰最明智、最成功也最伟大的女王。她的个性杂糅了父亲的专横、胆识和狂妄，以及母亲喜好娱乐的本性，还有一些特点是父母皆不具备的。她对所要达成的目标的危险性有一种本能的直觉，这种感知总能够让她控制住专横的个性。

她就如同父亲一样说一不二，然而她个性专横冷酷，令人感到压抑，她也非常希望能得到王国的财富，她治理这个国家可是非常小心谨慎，也是无比精明的，手段温和而不压迫，这也是借鉴她父亲的做法。

她是个新教徒，却并不热衷要将新教作为英格兰的国教，也不喜欢自己如天主教徒一样，在私人祈祷室向圣母玛利亚祈祷，而且，她还抹杀掉了天主教姐姐玛丽的成果。巴结逢迎教皇的道歉信被收回了，然而她所支持的宗教改革，却并不像德国和法国的改革那么激烈。她所推行的改革就如她的父亲所推行的那样，柔和、适度，有节制，更多的是政策方面的变更而不是宗教信仰的革命。她所坚持的是，宗教必须统一，由英国国教会管理——还颁布了新的"信条"，就如同女王常说的那样，"让言论自由。"

这其实是她父亲残暴态度的更柔和的表述方式。教会[1]，教义上是偏向新教徒的，然而表面上还是更倾向天主教，《至尊法案》却仍然使国家的统治权牢牢掌控在女王手中。除了想要为英格兰谋繁荣的太平盛世，伊丽莎白对教会和国家的政策主要是为了安抚民心，调和矛盾。因此，英格兰国教会很大程度上就是对人民做出的妥协，它努力维持教会和教堂的基本形态和仪式，这是为了调解与英格兰天主教徒的矛盾。

天主教徒们受到了回国的难民支持，他们带回了卡文主义严苛的信条；最终他们自己单独组建了一个教会，罗马教皇在这里仍然至高无上，只为能打下更纯粹、更简单的基础，因此这些人被称为"清教徒""非国教徒"，因为反对《至尊法案》而遭受了迫害。

伊丽莎白的阳刚个性与柔情的个性完全中和为一体。她的虚荣心也是非同寻常的。她爱听谄媚之辞，喜欢炫耀，任性、表里不一，以及与多人的风流韵事，给那位冷静果断专横的女王添加上了一种奇怪的光彩，不过，女王统治的国家发展迅猛。

---

[1] 教会，因为主教们享有管辖权而得名"主教制"。——译者注

　　她的婚事也是极其重要的一件大事。许多野心家都希望能与她联姻。她的姐夫西班牙国王菲利普二世就是其中之一，由于父亲查理五世的退位，菲利普二世继位成为国王，他统治西班牙和瑞士，也是欧洲天主教的教皇。他以为，这位愚蠢的、没用的英格兰女王会很容易到手。只要娶了她，他就能将英格兰重新控制起来，就像他当时娶她的姐姐玛丽一样，天主教的势力可是无可匹敌的。

　　如果不看她那可怕的个人魅力，伊丽莎白真是会卖弄风情的。她以婚姻大事为由戏弄菲利普，就像猫玩弄老鼠一样。她从未想过嫁给菲利普，却一直让他等待自己的决定，这使得他对她的任性十分恼火，最终，他大叫："那女人真是阴险！"但他却不曾想，那看似愚蠢的外表下，其实掩藏了一颗如钢铁般坚硬的心，头脑清晰、冷静，明智，就连他自己也比不上，而且她终有一天会限制与西班牙的外交，并称霸欧洲。她喜欢"新学术思潮"带进来的文化；热爱菲利普·西德尼创建的社团，她影响了当时英格兰所有的杰出人物；与诗人斯宾塞谈论诗歌，与意大利科学家布鲁诺谈论哲学；阅读古希腊的悲剧和原版的拉丁语演说词，能够熟练用法语和意大利语交流，并且还精通另一种粗野的语言，跟她的臣子和牧师们说话的时候，一旦生起气来，她就会说粗话，而这也有令人意想不到的效果，一旦有情况，她也会骂人。

　　但是，无论她还做了什么其他事，却一刻也不曾停止去了解自己统治的新英格兰。她感觉到，人民的精神越来越膨胀了，然而却不了解其缘由；但她还是很敏锐地察觉，她的政府应该有必要做出相应的改变和修饰了，因为人民的意愿似乎就是如此。

　　伊丽莎白之所以转变为自由统治的态度，是由于民众意愿，而她也机敏地发现了这一点。她的本意其实是专制统治。她之所以向下议院低头，为了抵制下议院的态度而道歉，并不是因为出于同情，而是由于她的政治本能提醒了她，她的王国完全是依赖下层人士的努力才得以打下的，要排斥他们是很危险的。她发现了一些她的前辈们所遗忘的真理，即王室和中产阶级一定要友好相处。她可以反对或辱骂爵士贵族和教士，将爵士和宠臣们送进监牢，但是，她和她的"下议院"和人民之间不能有任何阻碍。诗人斯宾塞在《仙后》中对仙后的奉承之辞表达了对女王伊丽莎白的无限忠诚。

　　也许是因为她知道，教会完全要按照议会颁布的法律而行动，而她自己登上王位也是由议会选举产生的，议会的权力越来越人，越来越多之前都由王室决定的事务都放权给了议会处理，比如经王室特允，由议会发起的反对贸易垄断的行动。一开始，女王并不同意议会的行动。但是，发现了大众情绪的力量之后，她很得体地做出了让步，公然宣布，她"以前从不知道如此（贸易垄断）之坏处"。

弗吉尼亚殖民

　　事实上，她的美德就体现在独立的人格之中，而外交上的一些重大胜利都多亏了她个性中的美德。赤裸裸的谎言完全被揭露出来，她没有一点点的羞愧，却因为那些臣子们头脑简单地将她说的每一句话都当成真理而觉得可笑。

她天性节俭，热爱和平，自然也不会去参与欧洲新教徒和罗马天主教之间的斗争。圣巴塞洛缪的大屠杀 [1] 并没有让她恐慌不安，她仍然向法国派遣了军队，借钱给法国政府以帮助那里的胡格诺派教徒 [2]，阻止菲利普二世在瑞士迫害卡文派新教徒，女王举英格兰全国之力，参与了一场她本人并不感兴趣的争端。她鼓励工业和商业贸易发展，也鼓励一切能够促进繁荣昌盛的行业发展。听取了罗利 [3] 在美洲开拓殖民地的计划，允诺将新的殖民地以她童贞女王的名号命名为"弗吉尼亚" [4]。她特许成立了"商人冒险公司"，意在与印度开展新的贸易（1600 年），并逐渐发展成为英属印度。

玛丽·斯图亚特的诞生

尽管这一切都很成功，但坐在英格兰王位上的女人是悲伤的，孤独的。在这世上，她唯一的亲人就是表亲玛丽·斯图亚特，她一直都在策划取代伊丽莎白成为英格兰女王。

---

[1]　圣巴塞洛缪的大屠杀，1572 年，法国宗教革命期间，天主教徒反对卡文派清教徒的一系列暗杀和犯罪行动。——译者注

[2]　胡格诺派教徒，法国卡文派新教徒的别称。——译者注

[3]　罗利，约 1552-1618 年，英国探险家、作家，多次组织航海探险，并在美洲拓展殖民地，将烟草和马铃薯引入英国。——译者注

[4]　"弗吉尼亚"，Virginia，意为 the Virgin Queen，童贞女王。——译者注

伊丽莎白身份的合法性一直遭到质疑，这个问题也给了反对者们一丝可乘之机，他们声称，伊丽莎白的母亲与亨利八世的婚姻遭到教皇拒绝，因此，这次婚姻是无效的。玛丽·斯图亚特，继承顺序上仅次于伊丽莎白，在女王身边编织了一张由阴谋诡计所编织的大网，就算没有让女王有性命和失去王位的忧虑，却总能干扰女王安宁的生活。

苏格兰国王布鲁斯没有留下后裔，他死后，苏格兰便由斯图亚特王朝统治。由于部族不和，加上不断反抗英格兰入侵，玛丽·斯图亚特被迫与法国结下友谊，而法国一直利用她来扰乱英格兰秩序，因此，每次英法一开吵，主要的问题就是苏格兰边境线。·

1502 年，亨利八世让姐姐玛格丽特嫁给了苏格兰国王詹姆斯四世，于是，英格兰和苏格兰结成了友好的联盟。然而不久，英格兰跟法国开战，苏格兰国王詹姆斯四世转而扶持自己的旧盟友。随后的弗洛登[1]之战中，詹姆斯遭遇惨败，并且被杀。他的继承者詹姆斯五世，迎娶了玛丽·吉斯。吉斯家族是法国天主教派的极端主义者之首，她的劝告很可能使詹姆斯一直对新教徒亨利有敌意，尽管亨利是他的叔叔。詹姆斯之女玛丽·斯图亚特出生后不久（1542 年），詹姆斯在"索尔威·摩斯"之战中战败身亡。

---

[1] 弗洛登，今英格兰诺森伯兰郡的一座山。——译者注

玛丽·斯图亚特之死

这个不幸的孩子马上就变成了一系列阴谋诡计的众矢之的；亨利八世希望将这个小女王许配给自己的儿子，随后，爱德华六世使英格兰和苏格兰这两个对头结合到一起。但是，吉斯家族绝不向新教徒妥协！时任法国摄政王的玛丽·吉斯可不希望跟信仰新教的英格兰打交道，而是更希望能与法国亲近。玛丽·斯图亚特被指婚给了法国老国王弗朗西斯一世的皇太子孙子，并被送往了法国王庭，由王后凯瑟琳·德·美第奇[1]调教，让她足以匹配王后这一尊贵的称号。

1561 年，玛丽·斯图亚特回到了英格兰。她年轻的丈夫仅执政两年就死了。当时她才十九岁，貌美如花，聪明绝顶，又大权在握，足以迷倒众生。她短暂的一生都在奢侈荒淫的王廷中度过，调教她的是欧洲品行最坏的女人凯瑟琳·德·美第奇，而吉斯家的长辈，她的两个叔叔也不是什么好人。自出生以来，她一直都活在阴谋诡计和罪恶的阴云之中。但她是个非常虔诚的天主教徒，于是也就成为了英格兰天主教的中心和希望。

玛丽·斯图亚特认为，伊丽莎白用自己一半的才智才能换得她的美貌。无疑，玛丽·斯图亚特嫉妒她才貌双全的对手，她非常自负，一直觊觎伊丽莎白的王位，还试图谋害伊丽莎白，伊丽莎白对此恼怒不已，这一点也不奇怪。事实上，伊丽莎白如此专横，我们怀疑她为

---

[1] 凯瑟琳·德·美第奇，弗朗西斯一世的意大利儿媳。——译者注

什么要犹豫给对手致命的一击。

玛丽是否跟谋害伊丽莎白的犯罪行动有关，这一点我们不清楚。但我们知道，谋杀了她再婚的可怜的丈夫达恩利公爵[1]以后，她就迅速嫁给了这场谋杀案的主谋。不久，她宣布与博斯维尔的婚姻无效。这件事让苏格兰民愤四起，于是她逃亡到英格兰来避难，却恰好落入了伊丽莎白手中。

玛丽曾经大胆地说过，"她的表姑伊丽莎白之所以没有结婚，是因为不想失去让男人们向她求爱的机会"。也许正是由于记起了这句戏言，1587年，伊丽莎白才签署了赐死玛丽的文件。

西班牙"无敌"舰队

我们现在了解了玛丽的迷人之处，知道她胆大，有心机，也了解了她在外交和治国方面的才能，知道她的才能远远胜过伊丽莎白——当我们读到这一切，就会知道，她是吉斯家的女儿，是由凯瑟琳·德·美第奇教导出来的，我们也明白了她篡夺王位对英格兰而言意味着什么，伊丽莎白认为她就是对英格兰的威胁，于是，让她走上了断头台。回首从前，她在长期的监禁中耐心等待，她虔诚地祈祷，穿过英国佛泽林盖堡大厅，将她美丽的头颅枕在石头上，读到这里，我们的心中充

---

[1] 达恩利公爵，即她的表兄亨利·斯图亚特。——译者注

满了遗憾，几乎要为这一幕而动容了。对待这样一位可爱的囚徒，我们很难秉持公正处死她，除非有约翰·诺克斯[1]那样的铁石心肠。玛丽与亨利·斯图亚特的儿子就是苏格兰国王詹姆斯六世。他对英格兰王位的觊觎却已经完全消失殆尽了。而那时，西班牙的菲利普二世却认为，此时正是征服英格兰的好机会，于是派遣了一支"无敌"舰队抵达英国海岸，呈新月形，排成一英里长。英国的小战舰，并不比小游艇大多少，由弗朗西斯·德瑞克[2]率领。英国军队很害怕这些西班牙巨无霸船，于是派遣了火船出海，很快就烧毁了新月形的舰队。"无敌"舰队的船被驱散在英格兰北部海域，后遭遇了一场令人胆战的风暴，风浪助英军赢得胜利，几乎摧毁了整个"无敌"舰队。

弗朗西斯·培根

英格兰伟大而且光荣。英格兰的土壤因为吸收了新知识而变得十分肥沃，而宗教、社会和政治变革就相当于在土壤的表层耕耘了一番，成果也是很丰硕的。整个欧洲都陷入了宗教战争之中时，新教的英格兰却出现了繁荣昌盛之景象，生活水平大幅提高，托马斯·莫尔爵士的"乌托邦"梦想似乎已经实现了。到处都是新文化的踪迹。英格兰

---

[1] 约翰·诺克斯，16世纪的卡文主义者，曾谴责英格兰的伊丽莎白女王和苏格兰的玛丽女王政府是"妇女的荒谬统治。——译者注
[2] 弗朗西斯·德瑞克，英国将领和探险家，首位环球航行的英国人。——译者注

戴上了诗歌的花环，点上了精神之光，这样的景象世所未见，而且很可能不会再见到了。弗朗西斯·培根的名字足以照亮一个时代，而莎士比亚的光辉足以照亮那一个世纪。伊丽莎白女王没有创造"伊丽莎白时代"的光荣，但她却创造了一个和平盛世，英帝国就在此孕育而成。

如果说伊丽莎白女王一生曾爱上过某人，那这人就是莱斯特郡[1]公爵，这个人因为无望攀上女王而杀害了自己的爱妻艾米·洛布萨特。我们实在不愿意相信，伊丽莎白女王是这个谋杀案的同谋，但我们也无法忘记，她可是亨利八世的女儿！——有时候我们猜测，对这次谋杀案的记忆就跟杀死玛丽的记忆一样，让她在充实而欢乐的暮年悔恨。这时再没有男人在她耳旁甜言蜜语，她也不再对镜帖花黄，只是静静地等待着生命的结束。

1603 年，伊丽莎白女王过世，过世前，也许是为了补偿 1587 年签署让玛丽上断头台的文件，她任命玛丽·斯图亚特的儿子，苏格兰国王詹姆士六世为她的继任者，也就是英格兰国王詹姆士一世，这真是命运弄人啊！

---

[1] 莱斯特郡，英格兰中部的郡。——译者注

第八章

詹姆士一世

斯图亚特家族终于得到了梦寐以求的英格兰王冠，然而戴上王冠的人却是最不适合国王这个身份的詹姆士。他长相平平，举止粗俗，可没有一点母亲那样的尊贵气质。这个人思想狭隘，却被迫塞进了很多知识。他自高自大，自负而迂腐，刚愎自用，他还没有透彻地了解这些新知识，却用它去处理政务，颠覆了几乎所有伊丽莎白所制定的政策。她曾经很机智地放松了王权，使贵族不再凌驾于人民之上，但他却握紧了王权。她让自己服从于下议院的意志，而这个没有才干的暴君却公然反抗，只认为自己是至高无上的，宣扬"君权神授"，并称，人民应该相信"君王不会犯错""质疑君王的权威就是质疑上帝"。如果他真心支持过英格兰国教会，那也是因为国王本来就是教会之首。那些意图将教会的主权交还罗马教皇的天主教徒，以及反对改革后的英格兰教会履行天主教教义的清教徒们，对他而言都是同样的可憎，而这理由也是一样的：因为他们都志在反抗他的权威。

新英格兰第一个殖民地

新教教徒们向国王詹姆士提交了一份 800 位教士签名的请愿书，请求让他们不再穿白色的法衣，施洗礼的时候也不再画十字——他却说他们"毒如蛇蝎"，如果在这样的事情上，他们不再屈从主教国王的意愿，那么"他们将被驱逐出境"。受此威胁迫害，大量新教教徒携同家人逃亡到了荷兰，随后，英雄般的新教教徒们登上了"五月花"号船，在美国海岸的一处地点登陆，他们称之为"普利茅斯"（1620年）。1607 年，另有一些英国人在弗吉尼亚州的詹姆斯顿定居。这两个殖民地后来发展成为了"美利坚合众国"的领土。

火药阴谋

新教与天主教的不和导致了一场议会革命，国王在上议院召开会议时，以盖伊·福克斯为首的天主教反叛分子试图炸毁议院，推翻国王的残暴统治，除掉逐渐新教化的下议院，但是没有成功，却引起了清教徒更强烈的不满。

伊丽莎白对坚信天主教的西班牙一直是敌意的态度，并坚定维护欧洲的新教。詹姆士发现，西班牙政府也是专制统治，而如他自己一样伟大的西班牙国王，则是再合适不过的朋友。于是，他安排自己的儿子查理与西班牙国王的女儿联姻，并定下法规，让英格兰改信天主教，这真是不幸；而下议院为此愤愤不平，反对这场婚事，因此，国王因他们参与这与己无关的婚事而解散了议会，直到国王需要用钱时才再次召集起来。

詹姆士统治初期，人们似乎对他的虚荣做作很无语，被他惊呆了。溜须拍马的人在他脚下摇尾以示忠心，听着他迂腐的言论，并称他"君权神授"的理论真是绝对的真理。唉，我们不得不承认，弗朗西斯·培根[1]，尽管他的才智之光足以照亮那一个世纪，尽管他不止一次抗议过君权压迫了人们的自由，但也不过是国王詹姆士忠实的奴仆和工具！

然而，与西班牙的这次联姻却唤醒了一种精神，在这种精神面前，詹姆士若是聪明一点，就会瑟瑟发抖。詹姆士是站在两座断头台之间，一座是母亲的（1587 年），一座是儿子的（1649 年）。他每加一次对英格兰自由的打击，他的王位的危险性也增加一分。他未经议会同意，增加赋税以反抗土地法，就已经种下了恶果，最终导致了儿子被砍头这一无可避免的结果。民愤四起，而下议院里的清教徒们开始说三道四，其含义不言而喻。培根遭到了贬谪，他的罪行——尽管表面上是"贿赂"，而事实上，他就是国王的奴仆和工具。

---

[1] 弗朗西斯·培根，当时是国王的总理大臣。——译者注

《圣经》的翻译

再次回顾詹姆士统治期的事件，我们发现，他并不会统治王国，是个好奇心很重的冒险家，还封了宠臣为白金汉郡公爵。我们看到，他试图将英格兰的命运与欧洲天主教联系起来，却徒劳无功。他的将领沃尔特·雷利因事冒犯西班牙而被他处死，原本詹姆士最渴望得到的就是西班牙的友谊。我们发现，他犯过无数错误，然而有三件事还是值得颂扬的。其一，詹姆斯批准了《圣经》的翻译，并将译本推而广之，一直沿用到今天。其二，他将所统治的英格兰和苏格兰统称为"大不列颠"。这两件事，以及1625年他的过世，是我们拍手称快的。

查 理 一 世

詹姆士的儿子查理一世，至少就跟父亲不一样。他是个绅士。如果不是他不幸继承了王位，他的儒雅高贵，以及高尚的品味，无可挑剔的人品和操守，都会给他带来无尽的声誉和荣耀。然而，这些品质只属于绅士查理·斯图亚特。国王查理则飞扬跋扈，狡诈虚伪，固执己见，无视他那个时代的大局，也罔顾他的子民的本性。他统治期间所做的一切都加速了他的统治的灭亡。

欧洲再没有哪个家族比吉斯家族掌握的权势更大了，掌权后，他们都冷酷无情。玛丽·斯图亚特之所以惨死，是因为她体内流淌的是专制而残暴的南方血液。她是吉斯家族的人——因此她的儿子詹姆士一世也是——她的外孙查理一世也是。他们的血液中都流淌着专制和残暴的基因。他们特有的天性让他们无法领会盎格鲁－撒克逊人自由公民的理念。

谁知道，如果没有外族征服，英格兰一直由英国国王统治的话，历史的进程又会变成什么样呢？每一次王室联姻，都加入了新鲜的而且并不都是那么纯净的外族血液——多个世纪的稀释之后，王室的血脉中已经没有多少盎格鲁－撒克逊的血液了。

与西班牙的联姻被废弃之后，查理又娶了法国路易十三的妹妹亨莉雅姐。

劳德大主教

当时，宗教问题是一个很急切的问题。很快，由于逐渐信任了天主教，新国王同情的天平也倾向了天主教一边。英国国教会的新主教劳德，也被迫从信仰新教改为了信仰天主教；而为了得到王室庇佑，劳德竟提倡君权至上，说詹姆士"君权神授"的理念是因为圣灵如此说过，这样一来，他就将宗教变成了打击英国崇尚自由人士的工具。劳德的理想就是纯化天主教——保持秘密忏悔的形式，为死者祈祷，上帝在圣餐中的临在，跪拜礼和十字架，都是清教徒和长老派主义者所憎恶的。他胆子不小，不过思想狭隘，不计一切地反对当时的宗教趋势。宣布将安息日变为假日而不是宗教节日的那个讲坛，国王也在那里告诉人们，反对国王的意志就会得到"永恒的诅咒"。

这样看来，清教徒似乎是英格兰自由的捍卫者，他们将保守派教徒的领袖，如皮姆[1]拉进了他们的阵营之中，但他们并不都痴迷那些遭人谴责的肤浅的享乐，也不认为所有生活的消遣都是有罪的。这些就是划清双方界限的标准。英格兰国教会支持残暴统治，而清教徒则维护自由。

但是，此刻对国王而言，还有一样东西比宗教更加有价值。他想要——他也必须得到——钱。宗教和金钱总跟国家的命运息息相关。这两个危险因素现在都出现了，它们会彻底改变历史。

为了工国内一个麻烦的风俗习惯，查理必须召集议会，而他们也必须提供所需要的支持。通过提出"君权神授"的理论，他的父亲已经做好了准备清理这种议会的阻碍，而这些只能通过身份地位来达成。于是，查理召集了议会。议会不反对筹集必要的资金，但是，国王必须保障政治和宗教改革的进行——另外，还要开除那可恶的白金汉郡公爵。

查理对议会的要求非常不满，于是解散了议会，并要求向国民借款。同样的回应响彻英格兰每一个角落："我们很高兴能帮您，但借款必须经得议会同意。"国王非常恼怒。如果人们不愿意自愿缴纳，

---

[1] 皮姆，1584-1643 年，英国政治家。——译者注

那就要给一点压力了。国王发起了征税，任何拒绝或反抗缴纳税金的人都会被课以罚金。

约翰·汉普登

约翰·汉普登就是最早的受害者之一。他很富有，而所要捐的税款也不多，他的人格却很伟大。身陷监狱之中的时候，面对逼问和拷打，他回答："我什么也不会交，即使你要我的命，我也没有。"

缴纳的税额完全达不到国王的需要。由于债务、耻辱和恼恨，国王不得不再次采取令人反感的手段。他召集了议会。因为还记得之前所受的耻辱，下议院的态度比之前更加坚决。议会成员们拟定了一份《民权宣言》，再次重申，人权、财产和言论自由不可侵犯——这堪称第二份《自由大宪章》。

《民权宣言》

人们冷静而毅然决然地面对他们的国王，一手握着《民权宣言》，一手拿着税款。国王开始还很抵制，然而大法官们却在他耳旁低语称《民权宣言》不会约束他，白金汉郡公爵也劝说他接受。也许，他做出了并不愿意遵守的承诺，人们会用钱来回报他，绅士查理·斯图亚特是不愿意接受的！但是国王查理却还是签署了文件，王国最高法院十二位法官中的七位试图宣布文件非法，因为国王的权力远在议会之上。但国王认为，他的王位是天赐的，通过议会来反对他的特权是无效的！

这样虚伪的国王，如此践踏公平正义，除了革命，人民还有什么别的出路？

《马萨诸塞宪章》

劳德残酷统治教会之后，1629年，查理签署了关于马萨诸塞殖民地的宪章。这让人们不再将避难所局限于国内，而是转向了美国。这次去美国的不是破产的人、冒险家和罪犯，而是拥有大量地产的地主，这块土地上某些最优秀的专业人士，他们抛弃了家人和安乐，去面对那不堪忍受的艰辛。有人写道："我们不再喝母亲英格兰的乳汁，我们不介意所经历的苦难。"由于劳德不断施压，越来越多的人向西航行；10年内，两万英国人在大西洋西岸的美洲大陆获得了宗教自由，在殖民地建立了一个神权政治的国家和新的社会制度，但却是非常公平和单纯的——不过，这是由于宗教信仰而促成的。

查理的宠臣，风流无用的白金汉郡公爵被暗杀了，查理在他的尸体旁痛哭过。后来，国王决定再不召集议会了，而是直接自己统治国家，当人们不再反抗他时，国王再次找了一个更合适的人来担任白金汉公爵。

他作出这个决定，并没有什么险恶的用心，如果国王更强势一点，也许会存有建立专制统治的想法。但查理想要的只是装满金库的钱财，如果议会只能以革命来回应，并让他做出感到耻辱的承诺，为什么不自己直接筹钱呢？在他之前，他父亲就这样做过啊，于是，他也作出了这个决定。没有下议院的指责和侮辱，筹钱真是容易。

治理国家需要才智，但他既不够出色，也缺乏心机，更不富有。他只想要钱，而且盲目相信王权的威力，根本不曾料到会有人反抗他的权威。他才干有限，这也就证明，他无法理解他的人民之中诞生的新精神，这也导致了他的失败。伊丽莎白可能就感觉到了这种新的精神，但她却不理解它，她无视自己的喜好而放松了政策，这样就使人民紧密团结在她周围，她的政策其实就是人民的政策。查理就跟按下安全阀的工程师一样"聪明"！

斯 特 拉 福 德 公 爵

托马斯·温特沃斯爵士[1]成为了白金汉郡公爵，他背叛了自由党。无望成为下议院领导，于是他便逐渐倾向了保皇党一边，现在，国王完全要依赖他了，就像藤缠树一样。

---

[1] 托马斯·温特沃斯爵士，斯特拉福德公爵。——译者注

斯特拉福德公爵的理想就是在英格兰建立君主专政的制度，就像政治家黎塞留[1]在法国建立的专制制度一样。他有与黎塞留同样专横跋扈的脾气，同样强势的意志和杰出的管理才能，因此很适合这职位。查理一点点积攒钱的时候，斯特拉福德公爵正忙着组建一个庞大而复杂的阶级体系，这个体系能用来征税，用以购买军火，建设堡垒要塞——这些都是建设常备军队，统领整个国家的必要条件。他很明白，理智的社会中是无法实现"专制统治"的。他不会让"专制"成为教义，而是一种主义。

"星法院"

"星法院"，是某一类罪犯的特别法庭，被引入了高效率的英国。它的惩罚手段残酷至极，却不包括死刑。教士对主教劳德出言不敬，需要向国王缴纳 5000 英镑的罚金，还要给被诅咒的主教 300 英镑作为罚金，还要先割开一侧的鼻翼，砍掉一侧的耳朵，并在同侧的脸上打上烙印，下一周再将另一侧鼻翼、耳朵和脸上做同样的记号。然后，法院还要对罪犯进行监禁。有人写了一本被认为具有煽动性的作品，也被处以同样的处罚，但对他的监禁却是终生的。

这就是所谓的"专横政策"，是由两位盟友——劳德和斯特拉福

---

[1] 黎塞留，法国高级教士和政治家，路易十三的主教。——译者注

德公爵实施的，他们在给彼此的致信中经常抱怨说"星法院"的权力太过有限，而法官们的刑罚措施还太轻了！经常有新的囚犯被送往马萨诸塞殖民地的种植园，这根本不是什么稀奇事。

然而，在斯特拉福德公爵强势的管理之下，还是有更重要的工程正在实施。垄断市场再次出现，买卖的时候，顾客除了支付商品原本的价格，还要加上固定的利润税。人们要用的所有物品，最终都落入了垄断者囊中，他们不得不增加这些商品的价格，用以支付必须向国王缴纳的税额。

"造舰税"就是一种为了筹备海军而征收的税，政府从不顾及人民的需要，税额的大小和紧急程度完全由国王决定。国家征集钱财总是很急迫的，而收税也是最令人讨厌的方式之一，反对征税及其他压迫措施，会受到"星法院"的惩罚，而这种惩罚是为了讨好斯特拉福德公爵和劳德，法院的法官们就是他们的走狗。

约翰·汉普登还是坚持原来的主张，捍卫人民的权益，所以他被监禁了起来，可能会面临处死，而不是支付20先令的罚金。虽然有人捍卫人民的权益，但人们还是在国王的紧逼之下交了税，而国王征税计划的成功让大部分人认为，国王不会再召集议会了。如果国王不需要钱，那召集议会做什么呢？保皇党很高兴，而人们却在耐心等待时机，因为他们知道，这样的金融结构只要一遇到风暴就会破碎，到那时，人民显神威的时候就要到了。

第九章

长 期 议 会

风暴来了，英格兰对苏格兰的战争开始了，它发起战争是要给教会施压，为了讨好长老会，不惜对教会成员斩草除根。忠诚的教会成员听到谣传，称苏格兰背叛联邦，与旧友法国再次联系了起来；因此，间隔了十一年后，注定要比国王更长寿的议会再次得以召开。

斯特拉福德公爵和劳德大主教之死

下议院团结一致，态度坚决，英格兰下议院成员皮姆迅速站到上议院的门前，控告斯特拉福德公爵叛国。公爵向各位法官道歉，他强势而巧妙地向下议院恳求，国王也同样乞求，而且还向下议院做出承诺，但下议院认为这些承诺没有价值，一切都是徒劳的。

国王查理一世眼见自己的残暴统治摇摇欲坠，他恐慌不已，议会给出斯特拉福德公爵的死刑判决书，他不敢不签字。据说，斯特拉福德公爵上断头台的时候，经过劳德被囚禁的牢房窗口，停下脚步向他告别，劳德见到他，突然晕厥了过去。

见此情景，大家沉默了一会儿，然后，一个兴奋的声音大叫道："砍掉他的头，砍掉他的头！"

接着，主教劳德也被处死了，"星法院"和最高法院被废除；随后，人们通过了一项法案，要求议会每三年集会一次，并规定，除非议会同意，否则不能解散。

这样就更接近"议会的召集不必通过国王同意，但国王的就任要通过议会同意"的规定。

任何诺言都无法约束的国王，人们能拿他怎么办呢？开始，为了拯救斯特拉福德公爵，国王向议会做出了种种庄严的承诺，但心里其实在谋划着，有一天一定要通过武装行动推翻议会。国王试图逮捕汉普登、皮姆和另外三位议会领导者，这样，无可避免地导致了内战的爆发。双方的冲突最终演变成了国王和议会之间的决战。如果国王想要诉诸武力，那议会也绝不会手软。

如果说，坚定地站出来为公民自由而战的汉普登是一个英勇的角斗士，那么，坚守信念，发动和领导公民自由战争的皮姆也毫不逊色。他明白，如果国王和议会有一个必须降低姿态，那么，对英格兰而言，最好是国王降低姿态。皮姆还认为，议会最至关重要的力量是下议院，如果国王拒绝与下议院合作，那就视作国王退位了；没有国王，议会也一样有权。如果贵族阻碍革命，那他们就该明白，下议院会独自行动，而不必等待国王许可。

这也是后来议会行动所依赖的理论基础。这是一条史无先例的革命性的理论，自那时以来，就一直是英国宪法原则的建设性理论。

奥利弗·克伦威尔

如果查理让汉普登和奥利弗·克伦威尔流放到康涅狄格河谷就好了。查理准备让他们离开时，又将克伦威尔召回来了，而后来，克伦威尔成为了他的恶魔。克伦威尔不像皮姆那样，懂得宪法理论，知道哪些行为是符合法律的，也不能像汉普登一样成为受人尊敬的将领；但他的头脑却比那两人更加灵活。他的形象高大威猛，从他召集那些唱着圣诗的虔诚军队起，就一直凌驾于其他人之上，在纳斯比战役时（1645年），他率领军队战胜了国王查理，随后处死了国王。

克伦威尔解散议会，成为了英格兰共和国的独裁者

汉普登被俘，皮姆也已经死了，这时，克伦威尔才开始显示出自己的政治才能，而之前他只是军事领袖，他成了这次革命的实际领导者。也许，能让英格兰顺利度过眼前的危机的，正是这样一位坚定不移的领袖。行事既不过分谨慎小心，也对教会和国家没有太强的概念，除了上帝和《福音》书，他眼中再没有别的什么宪章制度。

议会审讯国王到了最后宣布休庭，克伦威尔在法庭门口布置了军队，处理了140名可疑分子。议会解散了上议院，摒除了140位反对人士，只剩下了一小部分坚持原来信念的人，但他们都拥护克伦威尔——他们既不组成什么代表机构，也无法组织成审判国王的法庭！这一群人只是自卫到最后的绝望的工具。

查理一世之死

查理像一个勇者和绅士一样的死去了，这赢得了我们对他的同情和尊敬。审判中，他一直镇定自若，像一个真正的贵族一样，七天的审判之后，他在白厅前的石碑上被砍了头。

那一小群人自称"众议院"，宣布英格兰变成了共和政体，不需要国王和上议院的统治。克伦威尔变成了"英格兰、苏格兰和爱尔兰的护国公"。他不喜欢被称为国王，但没有哪个国王比他更专制。如果说查理是个荒淫的暴君，那么，克伦威尔则是一个正义的暴君。

再没有人贪婪地朝人民的口袋里伸手掏东西，再没有人逼迫穷人将自己微薄的收入上缴国王。这里只有安全，只有繁荣。但是，克伦威尔手下的将士们在神圣而庄严的祭坛上胡乱砍伐，破坏掉那里的圣像，这激起了一半国民的怒火，他们憎恶这种对宗教信仰的亵渎性行为。空洞的壁龛，残缺不全的雕塑，以及彩色的玻璃碎片，都是来自于"富丽堂皇的、闪烁着微弱的宗教之光"的窗口，这些都告诉了我们那些士兵所做出的劣迹。

长期议会解散

那些自称议会的前下议院成员们并不太听从克伦威尔的召唤，于是克伦威尔率领一队步兵闯进了议会大厅，随意叫议会人员的名字，命令他们"滚出来"，然后锁上了议会的门，将钥匙放进了自己的口袋。曾经有能力推翻政府，甚至将国王送上断头台的议会就此解散。更恰当地说，此时的政府应该是一个"个人的"政府！

这个政府的首脑只受军人爱戴。他独断专行，没有人谄媚逢迎；他的权威没有任何残暴机构的支撑；也没有"星法院"来执行他的命令。违抗他的意志，人们也不会被戴上颈手枷，不会被打残或烙印。而这样的表象更令人惊讶：一个大国，人们对政府恼恨不已，然而，在统治者人格的强压之下，却对此保持缄默，顺从于统治者。

他在外交策略方面毫无经验，也没有熟练的部下大臣给他劝告和提醒，然而，他却通过自己的外交政策，让自己变成了欧洲的恐慌；

西班牙、法国和荷兰联合省共和国与他交好，英格兰清教徒在国内外都受到保护。

查理二世

做出这个决策的人很有指挥才能，不容违背。但他究竟是邪恶的化身还是正义的化身，这一直都是令人争议的话题。1658 年，克伦威尔死了，我们不可能知道，如果他继续活下去，会不会变成一个让人愤恨不已的暴君。

手一旦撤走了，那么那只手所创建的建筑就会轰然倒塌。克伦威尔死后，没有人继承他的事业。曾经多次试图从后门潜入英国的查理二世，此刻被人们从前门迎接进来，人们对此都兴高采烈。

第十章

《人身保护法法令》

时过境迁。二十一年来，对美好和欢乐的追求之心一直被严苛的清教教规所束缚。人们高兴地迎接一位亲切和蔼、满脸微笑的国王亲政，他将揭开笼罩在这个国家的黑暗幕布，让大家共享光明。这个职责，查理二世完成得比预想的要好得多。然而，反作用力的功效此刻也凸显了出来！上层阶级挥霍无度，人们迎来了挥霍的时代。查理二世的统治变成了一场狂欢。他需要钱享乐的时候，就跟法国路易十四借债，借款 20 万英镑，并与他联盟，攻打信仰新教的荷兰！

英格兰人曾经将他的父亲送上了断头台，我们真的不知道他怎么有胆量刺激英国人。从护国公时期[1]以来，雄狮英国就变得更加有耐心了。英格兰对待查理二世就像是对待一个被宠坏的孩子一样，以他的愚蠢为乐，而对他所犯下的过错却无心惩罚。

曾经对骑士们作威作福的"圆颅党"人，此刻也遭到了蹂躏和践

---

[1] 护国公时期，1653-1659 年，克伦威尔父子统治时期，也称摄政时期。——译者注

踏。然而，即便是在这种时刻，人民对自由的向往却愈发热切起来。《人身保护法》永远禁止了囚禁，由于当时囚禁了囚徒，所以并没有在法庭上公示。

查理二世之死

吉斯家族的后裔，斯图亚特家族，心底里是信仰天主教的，而查理二世轻而易举地就掩盖住了这一本性。一股天主教浪潮让人们惊醒过来，他们正试图不让国王的兄弟，痴迷于罗马天主教的詹姆士继承王位。但是，1685 年，代表着享乐主义的"假面舞会"被打断了。爱好享乐的查理二世，号称"从未说错过话，也从未做对过事"，在白厅死去了，詹姆士二世继位成为英格兰国王。

弥尔顿

三个名字照亮了查理二世的统治期，其他的都不值一提。1666 年，牛顿发现了万有引力定律，就此创造了关于宇宙诞生的新理念。1667年，作家弥尔顿发表了《失乐园》，1672 年，英国作家约翰·班扬发表了他的寓言《天路历程》。这两本书并不是影射国王及其支持者的，然而两位作者在作品中还是宣扬了新教的神圣性、严肃性。弥尔顿的神圣史诗《失乐园》，无论是写作手法还是其依据的理论，都是很超群的，在文学史上独树一帜；而《天路历程》，同样的主题却是通过展现普通人的生活展现出来的。两者的主题都是关于原罪及救赎的，清教徒们当时正因这两个问题而苦苦挣扎。

詹姆士二世

詹姆士二世统治期，君权试图恢复至高无上地位在做最后的挣扎。詹姆士二世试图恢复人身保护法——解散议会——以吓倒国教会，而内心却希望能确立天主教为国教。心肠歹毒的大法官杰弗里斯就是他的走狗，并夸耀称，自诺曼征服以来，他在詹姆士手下收拾的叛徒比之前的任何国王都要多！

也正是在这时候，形成了辉格党和托利党两派。辉格党反对天主教信仰，而托利党则是国王的支持者。但詹姆士制定的天主教教规罪孽深重，他的支持者非常少。詹姆士继位三年内，辉格党和托利党就因国内局势而担心不已，他们甚至邀请了国王的女婿，奥兰治亲王威廉来接受王位。

威廉立即答应了他们，他率领了 14000 名将士前来，而詹姆士却无力召集军队反抗，于是干脆放弃了王位，逃亡到了法国。

威廉和玛丽

王位空缺，威廉和妻子玛丽受邀来统治英格兰、爱尔兰和苏格兰联邦（1689年）。给王冠增添了一点珠宝的斯图亚特家族，其实一直在暗中与欧洲天主教会勾结。此时，欧洲天主教会之首是法国路易十四，自然他也就成为了詹姆士的保护者。他一直希望英格兰能加入天主教阵营，当然，也希望能让英格兰变成法国的附属国。英格兰流亡的国王詹姆士余生就只跟路易结了盟。

路易十四

博因河战役

然而，新教的英格兰领导者已经坐上了王位。事实上，他之所以接受王位，也是希望能够击败路易十四在欧洲日趋壮大的势力。威廉很有雄才大略，个性高尚，崇尚公平正义，也是很有才干的军事家，在他的铁腕之中，英格兰非常安全。那些阴谋都被抹去了，以卑鄙的詹姆士为首的法国军队也退却了；曾经，大家还想确立詹姆士为天主教爱尔兰独立王国的国王。然而，1690年博因河[1]战争中，这位爱尔兰的储君遭遇了惨败，并被遣返回了法国。

与此同时，英格兰这次迎来了更加辉煌的时刻。一个明智的君王用和煦的阳光修复了风暴所造成的伤痕，议会在战争中所暴露出来的弱处也得以加固。

《权利法案》重申了《自由大宪章》和《人权宣言》的内容，它用特定的法律条文，一条一条地规定了国王应该要履行的责任，以及不应做出的恶行。这些内容中的一条正好触及了英国自由的中枢。

如果说宗教和金钱是英国生活中的两项重要因素，那么，每一天我们所需要依赖的就是钱！如果没有金钱，政府就无法支撑下去，就好比人离不开空气一样！给了下议院批准财务，并让他们自由决定应该用钱来做什么的权力的条款，正是反映了人民当家作主的权利，而下议院所执行的正是人民的意志。

国王与议会的争端就以此结束，皮姆的理论也得到了印证。从那时起，王室和上议院再无法从英格兰财库自由取钱，也不能向法国借钱。因此，国王和平民再没有了地位阶级之分，他们一定要成为朋友。失去了下议院的支持，贵族和牧师也就失去了地位，如果他们无法达成一致，那么就会失去财务支持。换句话说，英格兰政府已经变成了民主政府。

威廉认为制定以上法律是因为之前的国王失去了民心。他明白自

---

[1] 博因河，爱尔兰东部一条河流。——译者注

己远大的目标，也清楚自己的目的就是要开创全新的英格兰，因此，发现查理一世及其儿子们这样的国王居然没有受到处罚，他觉得很伤心。我们怀疑，像他如此尊贵而高尚的人居然没有发现，这些法律奠定了英格兰的未来，也许未来，会有一个并不那么慷慨、高贵而单纯的国王坐上王位的。

威廉很沉默、古板、冷淡、死板。他没有那种能激起人们热情的品质。他是那种只可默默崇拜的伟大领袖。另外，这里不是他自己的国度，而要统治别人的国度并非易事。无论能给人带来多么大的利益，改革措施如何明智，总有人会觉得不好。那么，也许可能会有另一次"复辟"，野心勃勃的贵族们小心谨慎地维护自己的利益，只等时机成熟。这时候，国王生活在阴谋诡计和猜忌之中，很少有人对他忠心耿耿。但一切都只是上层社会的现象。英格兰的盎格鲁－撒克逊人，却从这位外国国王身上看到了民族的共性，他和他们同样正直、尊贵，信仰公正公平和个人自由；自阿尔弗雷德大帝以来，很少有国王像威廉一样，拥有他们这个民族的高贵品质。

对抗詹姆士及其支持者路易十四的战争，英国耗费了巨大的代价，国债也是从此时开始的。这一王朝时，还建立了英格兰银行。

1702 年，威廉逝世，而他的妻子玛丽也早在几年前就离世了，王位由她的妹妹安妮继承，她也是斯图亚特王朝的最后一位国王。

第十一章

安妮

威廉的政策并不仅限英国使用，还适用于信奉新教的欧洲。一位表面看上去强大无敌的国王——路易登上了法国王位的宝座，并逐渐将邻近的小国全都变成了自己的领土。他公然违背以往的誓言，让自己的孙子成为了西班牙国王，并宣称要踏平比利牛斯山，甚至引起了天主教国家奥地利的革命，奥地利对路易的恐惧超过了新教。欧洲强国结成了新的联盟，但英格兰仍然没有加入其中，仍然试图独立于联盟之外。不可一世的国王路易很久之前就将英格兰视作了囊中之物，他拒绝承认安妮是英格兰的合法女王，并试图让老国王詹姆士的儿子登上王位，英格兰便不再犹豫了。这位荡平了比利牛斯山的魔王也许会抽干英吉利海峡的水！自此，辉格党变成了战争的支持者，而托利党则成了他们的对手。现在，一切都不同往昔了。就连麻木的安妮和她托利党的朋友们都明白了，如果要维持在英格兰的统治，就必须采用威廉制定的政策。

马尔伯勒公爵

这时候对英格兰和欧洲来说都很幸运，因为当时的马尔伯勒公爵约翰·丘吉尔通过一种并不太好的途径爬上了英军总司令的高位。数年之前，他还是个默默无闻的小人物，没有接受过任何培训，几乎没有上过学，威廉死时，他仅凭自己的天赋就成为了大联盟的领袖人物。

他既没有威廉那样的品性，也没有任何领导者所应具备的特质。他没有高贵的品质，也不坚持原则。对他来说，辉格党和托利党没什么不同，为了达到目的，他不择手段；无论他站在哪个位置，都能得到赏识，都会成功。他个性温和，平易近人，几乎俘虏了所有欧洲人，他们都称他为"英国俊汉"。他管理军队机敏能干，而处理政务明智聪慧，处理外交机智圆滑，他指引着欧洲战场的战局，掌控了所有的谈判，为所有的战争做计划，并取得了压倒性的胜利。

布伦海姆战役

布伦海姆[1]之战扭转了法国的胜局，打破了路易战无不胜的神话。战争的失败不仅让法国失去了部队和要塞，更让在法国逃亡的英国国王詹姆士失去了民心，让那曾经不可一世的国王失去了不达目的不罢

---

[1] 布伦海姆，德国西部村庄。——译者注

休的自信。对詹姆士而言，要低头承认安妮为英格兰女王是一种前所未有的耻辱。

布伦海姆宫是给马尔伯勒公爵的奖品。当和平的阳光再次照在了英格兰大地上时，英格兰也就不再需要马尔伯勒公爵了，安妮曾经很敬仰他的妻子，这时却跟她大吵了一场，并把公爵当成了一把生锈的剑，扔在了一旁不予理会。然而，多年过去，欧洲还是能听到"马尔伯勒伯爵上了战场"的歌谣，他令人敬畏的名字经常被用来吓唬法国和英格兰的孩子。

马尔伯勒公爵一生叱咤风云，而对妻子萨拉·丘吉尔的爱就好比是穿梭其中的一根灿烂夺目的金线。战争前夜，以及第一次胜利之时，他总会给她写信；他宁愿遭遇两万法国敌军侵袭，也不愿让妻子不开心。确实，萨拉似乎仅凭自己的唇舌获得了成功，取得了成就，安妮一直青睐于她。她们的友谊存续期内，她才是王国的实际操纵者。然而她却并没有凌驾于安妮之上。

据说，安妮的统治期内，只有一个人比女王安妮更蠢，那就是女王的配偶，丹麦王子乔治。幸运的是，他们所生的 17 个孩子没有一个存活了下来。由于没有直系的继承人，继承权就落到了汉诺威家族[1]成员乔治的头上，他是詹姆士一世的一个远亲。

安妮统治期内，英国文学呈现出了新的景象。庄重而古典的特色被一种更普通的特色所取代，文章的内容涉及更多的是寻常的生活。

---

[1]　汉诺威家族，从 1714 至 1901 年统治英国。——译者注

信件逐渐散发出文学的光辉，与此同时，作家斯蒂尔[1]、斯特恩[2]，斯威夫特[3]，迪福[4]和菲尔丁[5]作品层出不穷，艾迪生的《观众》杂志家家必订。

汉诺威王朝

1714年，安妮逝世，汉诺威家族的乔治一世成为了英格兰国王——多亏了这位伟大的战士和前公爵，英格兰再也不必受法国国王的操纵和干扰，并牢牢控制了通往地中海的要塞——直布罗陀海峡。

英王乔治一世是查理一世的妹妹伊丽莎白的德裔孙子。他一直心系汉诺威家族，但还是恋恋不舍地接受了新的荣誉。他不会说英语，他一边抽烟，首相罗伯特·沃波尔[6]一边给他分析国事，后廷中的女人还用剪刀剪出了各种人形，演戏作乐，以化解他的思乡之情。由于国王既不会英语，也不了解英国的国情，沃波尔为国王挑选了大臣和

---

[1]　斯蒂尔，1672-1729年，爱尔兰作家和政治家，与阿迪森一起创办了杂志《观众》。——译者注

[2]　斯特恩，1713-1766年，出生于爱尔兰的英国作家。——译者注

[3]　斯威夫特，1667-1745年，出生于爱尔兰的英国讽刺作家。——译者注

[4]　迪福，1660-1731年，英国小说家，代表作《鲁滨逊漂流记》。——译者注

[5]　菲尔丁，1707-1754年，英国小说家和戏剧家。——译者注

[6]　罗伯特·沃波尔，1676-1745年，辉格党派的政治家，也是英国的首位首相。——译者注

牧师，并一手独揽政权大事；这开创了一个大臣治国的先例。自那时以来，总理大臣的职责就是组建内阁，自安妮统治以来，没有国王参与过内阁会议，也没有国王拒绝过议会的任何单独的提案。

乔治一世

这样的国王只是清教和立宪政府的代表和象征。然而，1714年汉诺威家族当政以来所确立的王室不干涉外政的潮流，在当时可是伟大的创举。它让一支政党执政了三十年，自詹姆士一世篡夺王位以来，这个政党就一直代表着人民的权益。首相沃波尔创建了辉格党执政的政府。辉格党并没有摒弃他们得以掌权所依赖的某些原则。他们仍然坚持公平正义，不干涉征兵的自由，议会也不能独自掌权。三十年的统治期，这些原则已经变成了国民生活的一个重要组成部分。辉格党执政这么久，已经形成了恪守这些原则的习惯，英国人甚至都忽略了，这些原则可能会侵害人民的自由。

辉格党和托利党是詹姆士一世时期成立的，无论它们的外表改变了多少，事实上，它们的本质从未改变过：辉格党一直致力于限制国王的权力，而托利党则致力于限制人民的权力。沃波尔当政时期，托利党维护的是王位继承者和高教会派[1]，而辉格党维护的是威廉和新

---

[1] 高教会派，英国国教的一派。——译者注

教派。他们的前辈是"圆颅党"和"保皇党"，而他们如今的后辈被称作"自由党"和"保守党"。

终于，国内外一片繁荣和平。国内的繁荣只因为 1720 年时的"南海泡沫"[1]造成的投机狂潮而中断过。股价从 100 英镑飙升到 1000 英镑，人们都为之发狂；而后股价直线下跌，跌到一文不值，人们的情绪也一下从狂喜跌落到失望之中。这一次国家损失惨重。但是，工业在逐渐复苏，而财富和繁荣也重新顺利回归；1727 年，乔治一世死后，其儿子乔治二世登上了英国王位。

乔治二世

与父亲乔治一世相比，乔治二世有一个明显的优势，那就是他是说英语的。他也不像父亲那样，只满足于自己抽烟，而将国家大事都交给大臣们处理，他父亲的这种管理方式还不确定是否对国家有利。然而，他聪明的妻子卡罗琳却完全相信首相沃波尔，王国大事几乎完全被他们两人控制，王国政策也是由他们制定，而那个年轻的国王什么也不懂，还认为自己确实有实权。他头脑太过简单，不能掌控政局，但他却是个优秀的士兵。他做事有条有理，个性倔强，充满激情，他是个需要仔细看管的国王，并且看管者还得要手疾眼快，以防他做出

---

[1] "南海泡沫"，指的是英国南海公司在南美进行的股票投机骗局。——译者注

什么出格之事来。

这时候，有一个年轻的"篡位者"（查理·爱德华·斯图亚特），他正跟法国路易十五密谋篡夺英国王位，就像当年他父亲詹姆士一世跟路易十四结盟一样。我们看到，他经常在欧洲各处游说，经常骚扰不列颠海岸，最终，1746 年，他在卡洛登沼泽被击败，这个斯图亚特家族的后裔消失了——在罗马神秘遇害死去，"除了查理，谁会成为国王""远渡重洋去找查理"，这些歌谣只是能让人回想这场注定要失败的阴谋的篡位。

英格兰似乎要被汉诺威家族收服了，英格兰的财富也都落入了汉诺威家族的囊中，奥地利王位继承七年大战，英格兰也卷入其中，好像它是奥地利的属国一样，对此，大家都很失落。英格兰最首要的愿望就是和平，然而，她还没来得及从一场混乱中抽身，便很快又被卷入了另一场纷争中。

英属印度

1600 年，伊丽莎白特许成立了英格兰"商人冒险公司"，在印度，它已经变成了一个权力机构。印度当地的一个王公贵族，由于嫉妒这些侵入孟加拉的外国人，策划了一次行动，让世界为之震颤不已，据说，也是因为法国人驱赶他们而感到气恼。某个炎热不堪的夏日，150 位印度居民和商人被推进了一个密封的地牢里。大家又热又渴，大部分人在早晨到来之前就已经身亡了，大家疯狂地踩踏彼此，以求获得空气和水。这就是著名的"加尔各答黑洞"事件[1]，这次事件导致了克莱夫[2]率领的英军获胜，并于1767年建立了英属印度王国。

欧洲人在印度猎虎

魁北克之战

两年后，因为在北美殖民地的分界线问题，英法两国直接对战。

---

[1] "加尔各答黑洞"事件，小型的地牢，1756年孟加拉的纳瓦布在此囚禁了100多位英国俘虏，其中仅有23人生还。——译者注

[2] 英国将领和政治家，他在印度西孟加拉邦村镇普拉西之战的胜利加强了英国对印度的统治。——译者注

英军将领沃尔夫在成功推倒今加拿大魁北克的城墙之时身亡。而法国将领蒙特卡姆也同样身亡，没能领略到失去加拿大的痛苦（1760 年）。

法国试图在美洲建立殖民王国的梦想最终破灭了；从西班牙手中获得了福罗里达州，英格兰就成为了美洲东海岸的主人，管辖区北至今加拿大新斯科舍，南至墨西哥湾，东到大西洋沿岸，西至密西西比河。因此，从伊丽莎白种下了殖民的种子之后，岛屿王国英国在东半球和西半球都收获了殖民地，而曾经，英国最大的梦想就是收复被法国夺走的领土。而如今，英国的梦想就是统治全球，她希望，太阳照耀到的地方，都属于她。

约翰·卫斯理

总有人渴望民族崛起，也总有人想要打压崛起的民族，这只能通过灌输更高级的思想来抑制。在英格兰，高浓度的烈性酒已经取代了啤酒（以避免对其过度征税），以前，这里盛行酗酒这一恶习。牧师约翰·卫斯理向人们宣扬"循道宗教义"[1]（基督教卫公理会教义），从而形成了一股新的风潮。自从奥古斯丁以来，人们从未像此时一样，受新兴的宗教信仰所感染，此时，新的生活与新的精神已经诞生，它

---

[1] "循道宗教义"，基督教卫公理会教义。

们比这时英国所收获的财富和疆土都更有价值。

政局动荡开始之前，沃波尔就已经离世了。一个新手开始掌管国家大事：威廉·皮特[1]。

---

[1] 威廉·皮特，1708-1778 年，结束了七年战争的英国政治家。

第十二章

乔治三世

七年战争[1]结束时，英国人已经将法国人驱逐出了加拿大——库克船长率领的英国船队已经横渡了太平洋，无论船队抵达了哪里的岛屿，他都将那些岛屿收归英王室所有；英国已经将英式的体制和文明根植在了印度的土壤之中。

英国已经成了北美和太平洋诸岛的宗主国，也即将统治印度，相比较而言，那些仅在某一块大陆上称霸的欧洲国家远远比不上她。而英国的王位上坐着的也是最没有权势的国王！这好像是说，英格兰之所以伟大，并不是由于有伟大的国王，尽管英国是个伟大的国家，但他们的国王却并没有真正掌权。

1760年，乔治三世登上了王位，十三个富庶的美洲殖民地成为了英国税收的主要来源地，而这些殖民地也是英国人口的海外集聚地，对那些在英国本土不成功的人士和冒险家来说，也是一个很好的去处。

---

[1] 七年战争，1756-1763年，英国与普鲁士联盟，战胜奥地利、法国、俄国、瑞典和萨克森等的战争。——译者注

人们经常提醒这些留居海外的人，他们在海外的富裕生活，都是国家赐予他们的。英国因在印度和法国的战争付出了巨大的代价，而那些留居海外的人富裕了，自然应该回报祖国。他们应该将自己在殖民地得到的财物都送到英国的工厂里，自己什么都不要，一个马蹄铁也不留，而英国则负责给他们建仓库，造工具，无论英国向他们征收了多少税，他们都该对好心管理他们的英国政府心存感激。

印花税法

如果美洲的殖民地仍然需要英格兰政府保护，以对抗法国，殖民地的英国人也许就不会质疑税收的合理性了。从心底里来说，他们是很忠于英国的，完全脱离祖国的想法也许根本不会诞生。但从失去魁北克以来，他们就觉得只有独立才能有保障，似乎他们的血液中流淌着独立的因子。他们是盎格鲁－撒克逊人，很明白自己要为民权做出怎样漫长的斗争。因此，1765 年，他们被告知，他们必须承担因为不断的战争而持续增加的英国国债，而此时，英国又增加了一项"印花税法"法规，于是，他们仔细去了解法规的内容。这项法规要求，殖民地通过的任何文件，无论是什么遗嘱、票据、契据、汇票、收据等等，都应该盖上英国政府的邮戳。

十三个殖民地对法规大部分内容的意见都不统一，但是有一点是统一的：他们不会缴纳这笔印花税。他们都熟悉《自由大宪章》，知道印花税法违背了《大宪章》最重要的原则。这项税法是用来敲诈那些议会以外的平民的钱的，而且还没有征得人们的同意。

1805 年，特拉法加之战（西班牙西南部海岸上的战争，法国和西班牙联军败给了英国），英军将领奈尔森取胜

皮特强烈抗议，称这项法规是暴政措施，而政治家博克[1]和福克斯[2]也对此表示抗议；皮特还称，美国的精神与英国反抗斯图亚特王朝，拒绝接受"造舰税"的精神是一致的。撤销法令的呼声日渐高涨，然而，呼声还未完全停止，国王乔治三世便构思了另一个计划。

---

[1] 博克，1729-1797 年，以演讲闻名的英国政治家。——译者注
[2] 福克斯，1749-1806 年，英国政治家，支持美国独立和法国大革命。——译者注

茶 税

乔治三世读过英国历史。他想到，如果议会不同意自己的作为，最好的处理办法不是跟他们动武，而是用合适的方法拉拢他们。下议院的托利党人鼓吹行政自治，呼声高涨，它已经不再是一个代表机构。如果皮特不再按他们的意愿办事，他们还能再找一个唯命是从的人。他还拟定了一项新的税款。

一磅三便士的茶叶，直接从印度运送到美洲，就不用向英国缴纳税款了，殖民地茶叶的价格就会便宜（即便还要加上殖民地这边的关税），同时，殖民政府也能大赚一笔。

但殖民者们丝毫不为英国制定的销售茶叶政策所动，在这次税务事件中，他们的立场坚定不移，不会改变，一定要自己销售，不让英国东印度公司插手。英国运送茶叶的货船抵达波士顿港时，殖民者们化妆成印第安人上船，将茶叶倾倒进了海里。

乔治三世恼怒不已，下令关闭了波士顿港，撤销了《马萨诸塞特许状》，收回了让当地人自己进行议会选举，自己挑选法官的法案，并指定官员对此进行管理。他甚至赐予官员们权力，让他们将反对者和革命者送到英国接受审判。为了保障决策实施，他甚至派遣盖奇将军率军队过来维护秩序，还挑选了一位官员来管理马萨诸塞州。

英国宣布美国独立

福克斯说："蠢货当权，坏事干尽，真让人忍无可忍！"乔治三世冥顽不化，让英格兰耗费了它最为珍贵的财产。真不敢想象，如果英格兰如今仍然是美国的宗主国，那她的权势会有多么强大！

国王乔治三世完全没有意识到自己的行为多么愚蠢，还很高兴地认为自己的决策很正确。他很兴奋地搓着双手，说："决策已定，殖民者们必须服从，不会再改。"他的意思是，"改"是不可能的。皮特[1]、博克、福克斯，甚至是托利党组成的上议院请愿或恳求都无济于事。自大而固执的国王独当一面，揽下所有责任——大臣诺斯伯爵只是听命于他的一个工具。

邦克山战役，美国独立战争中最初的流血战斗，位于波士顿附近

---

[1] 皮特，当时已经是今英国东南部港市查塔姆的公爵。——译者注

于是，各殖民地抛开所有不和，团结一致对抗英国。殖民地人们在莱克星顿和邦克山打响战争之时，诞生了一种比反抗更坚定的信念——独立。

殖民地政府送给英军将领的信署名为"乔治·华盛顿"，但未被打开便被送了回去。战争殖民地先负后胜，殖民地人们的勇气和资源有如神助，竟不减反增，法国加入殖民地一方之后不久，

乔治·华盛顿

战争以英军将领康沃利斯在约克镇战败而告终。

1782 年那个昏暗的清晨，国王乔治三世站在上议院门口，宣布承认美国独立，这真是令人沮丧！

因此，对这场战争的争议也宣告结束，查塔姆公爵曾评价说："对这场战争的质疑是不公正的，而争议是愚蠢的。"

黑斯廷斯弹劾

在美国独立战争期间，新闻报社发展成了一种不可匹敌的力量。大众情绪再无需通过下议院来表达，产生了另一种表达方式，即公众的意见被整理在报刊上发表，形成了一种政府无法控制的势力。"新闻报""邮报""先驱报""时报"层出不穷，像哲学家、湖畔派诗

路易十六行刑

人柯勒律治，政治家坎宁就经常在各类报纸专栏上发表诗歌和文章，鼓励人们革命。博克、福克斯和作家谢里丹对英国在印度殖民地的官员沃伦·黑斯廷斯的弹劾，揭露出了东印度公司的腐败和残暴，垄断巨头英国东印度公司也因此而破产倒闭了。英国只能专门设立事务部来处理印度事务，并将该部门吸收进了英国政务部门。

1769 年，詹姆斯·瓦特发明了蒸汽机，起初，人们对这 发明感到惊骇，但是，其后产生的效应却让人惊叹，改变了英国和整个世界的工业发展趋势。

拿破仑·波拿巴

1789 年，英格兰见证了那场惊世骇俗的法国大革命，巅峰期处死了一位国王和一位王后。这是一种可怕的场景，让共和主义看起来十分狰狞，博克那样尊贵而公正的人，提起共和来也是惊恐不安的。然后拿破仑·波拿巴出现了，他很快就登上了法国王位，然后一举控制了整个欧洲，后来，威灵顿公爵阿瑟·韦尔斯利领导盟军在滑铁卢战争中击溃了拿破仑，他的光辉岁月也就此走到了尽头。

1812 年战役

1812 年，美国第二次向英国宣战。美国宣称，美国船只上如果发现英国出生的水手，应让他们加入美国海军，受他们管辖。这一"找寻权"遭到英国反抗，英军登陆了美国马里兰州，焚烧了华盛顿的美国国会大厦和国会图书馆。英军将领安德鲁·杰克逊在新奥尔良击败了美军，于是美国便再也不提"找寻权"了。

乔治三世早就不能管事了，他对一切不闻不问，他耳聋眼瞎，精神错乱，1820 年，他的死讯可是一个大好的消息。如果他精神正常，还能管事，那么，1775 年，英国也不会失去她最富饶的后花园美国。

1815 年滑铁卢战争中的英军方阵

因长年的战争而累积的大量债务负担，大部分都落到了穷人的肩头上。穷人们一半的收入都落入了王室的金库中。穷人们住的房屋、吃的食物，以及盛装食物的盘子，做房屋用的玻璃等物都要缴税才能购买，唯一不需缴税的便是海洋。

那个时候，粮食很贵，因为如果便宜了，商铺的租金也会变少。将谷物的价格限定在某个水准之上，农民们就得到了"保护"，如果是国外的谷物还要高额征税以"保护"农民，这样地主就能从自己的农田中收取大量租税。但是，唉！对饥荒却没有任何"保护"措施。这里经常闹饥荒，这一点也不奇怪——然而人们却只能沉默着忍受，因为乞讨也是犯罪。

"唉，面包如此昂贵，血汗如此廉价！"

六岁的孩子每天要在矿上和工厂里工作十四五个小时，如果不小心睡着了，准会被人揪出来殴打。还有五六岁的孩子，则在咒骂声中，带着笤帚爬进被烟灰堵得满满的烟囱，有时候还要钻进逼仄的烟道，这是当时的文学作品对童工的生活做的记载。

吃不饱饭是普遍现象，极度的对食物的渴望转化成了愤怒。这些矮小、憔悴、没有活力的小孩子们会成为一群疲弱无力的人，会成为以后政治家亟须解决的问题。

如果这就是劳苦大众们的生活条件，那么囚犯们又能好到哪里去？现在，我们很难理解当时那些严苛的法律条文，有235种罪行——会被判处死刑——而其中大部分罪行我们现在都视作轻罪。但从另一个角度而言，赴死也许比关进囚牢要好得多，因为囚牢是寄生虫、疾病等非常肮脏的温床。狱卒不直接要钱，但如果囚犯们想得到食物和药，就要拿钱给狱卒去购买。1773年，约翰·霍华德在监牢中完成了他的大作，人们这才首次接受了这种理念，即惩罚的目的不应该是使罪人低人一等，而是要力争使罪人改过自新。

在这种幽深黑暗的暗潮之上，科技文化的发展还是很光鲜灿烂的。萨缪尔·约翰逊印刷了第一部英语词典。弗朗西斯·伯尼[1]创造了伊夫琳娜这个角色，震惊世界；贺拉斯·沃波尔[2]以讽刺短诗著称；谢里丹、戈德史密斯、库珀、伯恩斯、骚塞、柯勒律治、华兹华斯等诗人，以严肃和轻松的不同风格创造了大量脍炙人口的诗歌；而司各特、拜伦、雪莱等的作品则更丰富而富于韵律。

英国第一条铁路

与此同时，乔治·斯蒂芬森也正在开发一项大胆的工程。1807年，富尔顿发明了蒸汽船，1819年，第一艘蒸汽船横渡了大西洋。如果蒸汽让船渡过河流海洋，那么，它能不能驱车呢？斯蒂芬森将这个吞云吐雾的蒸汽机放在载重的车上时，人们还以为这不过是妄想而已。直到1830年，他的计划才得以实现，他的新火车——"火箭号"从

---

[1] 弗朗西斯·伯尼，1752-1840年，英国小说家、戏剧家。——译者注
[2] 贺拉斯·沃波尔，罗伯特爵士的儿子。——译者注

利物浦出发，开到了曼彻斯特，这条铁路也是世界上的首条铁路，威灵顿公爵冒险开始了这次试验性旅行。

第一艘在河里航行的蒸汽船

铁路开通的第一天，行驶在利物浦和曼彻斯特铁路上的早期车辆

　　1782 年，爱尔兰有了独立的议会，然而，这个独立的议会却被撤销了，这一点我们在后一章中详述，1801 年，在漫长的斗争之后，爱尔兰重新加入了大不列颠联邦，此后也派遣了代表加入英联邦议会。

　　反对罗马天主教的法律是斯图亚特王朝自卫的手段，而这个时候却没有这个必要了，因为这些法律是对天主教的压迫，给信仰天主教

的爱尔兰带去了沉重的负担。因为英国
"称霸"的梦想，曾反对"圣餐变体论"，
曾坚持圣徒代祷，而且政府要向天主教
徒征收赋税，天主教在这样的政府毫无
立足之地。这样明显的不公正待遇，应
该不需要强有力的辩论者去述说，然而，
丹尼尔·奥康奈尔还是用热情激烈的言

威灵顿公爵

辞造成了群情激奋，1828 年，以威灵顿公爵为首的政府部门，在议
会的罗伯特·皮尔爵士的帮助下，采取了措施，让天主教徒能够进入
议会，并给予了他们加入所有民政和军事部门的权利——但不能当摄
政王或统治者、大法官以及爱尔兰总督。

乔治四世

除了混乱的私生活，乔治四世再没什么值得一提的了，而这方面
我们也不会着墨太多。他生性放荡，挥霍无度。他人生的重要事件就
是跟菲茨赫伯特夫人的非法婚姻和与德国布伦瑞克的卡洛琳的合法婚
姻，但他很快就解除了这场合法的婚姻关系。

他的女儿，年轻而美丽的夏洛特公主，与利奥波德·柯堡亲王结
婚后不久，于 1817 年死去。她原本是要继位为女王的，但 1830 年乔
治四世死后，王位交由乔治四世当水手的弟弟威廉四世来继承。

威廉四世

威廉四世登基的时候，已经 65 岁了。他不讲究规矩，品味也不够绅士。然而他朴实无华的个性也还能让人接受，而随后，他拥护《改革法》的立场让他马上赢得了民心。

下议院一直采用代表制度，500 年未曾改变，这一制度已经严重阻碍了下议院的办事效率，而且议员们也不再像以前那样公平正直了。自治市镇的代表已经从地球上消失了。一个市镇常年被海水包围，另一个就像是贵族后花园里的断壁残垣。而像曼彻斯特、利兹、伯明翰这样的城市，还有 19 个其他地广而富庶的地方，没有任何代表。这些落后的所谓"自治市镇"，掌权的其实都是富有的地主；一个大爵士要掌管十一个自治市镇，因此，在他的授意下，有 11 名议员进入下议院。看起来，一场急需的政府改革应该很轻易便能完成。然而，上议院却一直遵循旧制度，似乎整个王国要靠这些旧制度才能生存。最终，改革还是发生了。改革开始的时候，老威灵顿公爵悲伤地说："我们必须对改革抱最好的希望，然而最乐观的人都不能相信，我们还会像以前那样的富庶。"

《改革法案》

这次改革时，56 个自治市镇的议员遭到了免除，并另选了 43 个新议员，还有 30 位县区级的代表。

这次关于改革法案的竞争中，托利党获得了"保守党"这个称呼，而他们的对手则改称"自由党"。这个过程标志着英格兰最重要的一次变革。此时，工人阶级获得了选举权，而下议院，之前一直代表着财富，而此后则代表着"民权"。

社会的变革不止是政治方面的改革。人类的同情心也在此时从沉睡中苏醒了。对犯错的惩罚也不再像以前那样残酷，监狱也不像之前那么令人恐怖了。每个周一上午，再没有一大群群众看着颤抖不已的囚犯们被带出监牢了，但还是有一群囚犯，二三十人左右，因盗窃或更小的罪名而行刑。小孩子们不再去矿上、工厂或是烟囱里忙活，而是去学校上学，上学也成为了穷人的孩子们的权利了。让不幸的人摆脱贫困有了无数种方式，改善男女工人们的生活和社会环境也有了无数种方式。

奴 隶 解 放

煤矿和工厂里的白人奴隶们的情况得到了改善，1833 年，在威尔伯福斯的努力下，英国政府颁布了废除黑奴的法令，给了奴隶主们一笔赔偿款（两千万），让 80 万人获得了自由。

第十三章

维多利亚

威廉四世在温莎城堡过世。1837 年 6 月 20 日（距本书行文至此这天刚好 58 年前）凌晨 5 点，一个名叫维多利亚的 18 岁少女从梦中醒来，得知自己成为了大不列颠和爱尔兰女王。维多利亚是威廉四世的兄弟肯特公爵爱德华唯一的女儿。1840 年，她与表兄阿尔伯特·柯堡的婚姻有深厚的感情基础，而且柯堡也成为了女王精明而谨慎的顾问。

爱尔兰饥荒

由于玉米价格高昂，多年来，爱尔兰人一直以土豆为主食。但土豆连续几季都没有好收成，1846 年，爱尔兰爆发了一场可怕的大饥荒，各国纷纷伸出援手来拯救饥民。英国议会筹集了一千万英镑购买食物。不等救援物资抵达，爱尔兰就死了两百万人，占当时全国总人口的四分之一。理查·科布登[1]和约翰·布莱特[2]主张不食用玉米，而此举却遭到政治家迪斯雷利领导的托利党的反对，随之引起异常激烈的争议。后来，英国政府允许国外的食物自由进入英国，也开通了自由贸易。

俄国英俄之战

沙皇尼古拉斯，就跟他的前任国王（以及继任者们）一样，一直等待着合适的机会，进军君士坦丁堡。英格兰已经变成了商店老板们的天下，而法国当时新王朝刚刚诞生，正试图开始全新的发展旅途，这时候正适合改革。伊斯兰教的奥斯曼土耳其帝国，出台了对巴勒斯坦境内的基督徒的限制措施，这让虔诚的基督徒沙皇尼古拉斯心生不满。他声称要成为土耳其帝国的基督教护国公，事实上是想吞并土耳其。

那个著名的东方大国奥斯曼土耳其帝国，腐败堕落，没有活力，只要猛力一碰，就会成为一堆废墟。与现代化的欧洲相比，它不合时代潮流，落后封闭，不成气候。这样徒有其名而讨厌的专制帝国让英格兰非常同情，英格兰很乐意为了它而加入一场生死之战，让那些不

---

[1] 理查·科布登，1804-1865年，英国制造商人，也是激进派和自由党派政治家。——译者注

[2] 约翰·布莱特，1811-1889年，英国激进派和自由党派政治家。——译者注

位于君士坦丁的大柱子

拿破仑三世

相信英格兰的人诧异不已。——她诚心去维护土耳其，就跟俄国人维护巴勒斯坦的基督徒一样。

这些外交诡计之后的真相其实是，俄罗斯希望得到君士坦丁堡，而英格兰则不计代价阻止其得到。君士坦丁堡则希望确保自己不落入俄国手中，俄国可是奥斯曼土耳其在亚洲唯一的对手。

法国并不需要保护在东方的殖民地，因此它会加入这场战争也让人很难理解，直到后来，我们才发觉，法国的皇帝野心勃勃，而且财大气粗。欧洲看到他与英国结成了友好同盟，这本身就足以引发一场战争；而法国国王拿破仑三世是通过叛变获得王位的，强势的外交政策也能帮他引开注意力，让人们不去关注他获得王位的途径。

这些不过是战争的前奏，1854 年，克里米亚战争爆发——这是近现代史上毁灭性最强的一场战争。两大天主教王国英国和法国来维护史上最糟糕的政府土耳其，英格兰最优秀的将士血洒土耳其疆场。

很快，人们就发现，英国人不仅会经商，也会打仗。尽管开始的时候，人数不及对手那么多，但英国人的勇猛无畏让俄国战栗不已，所以英国一直占上风。

600 位将士，遵从一个错误的命令，带着武器闯进了一个山谷，遭遇了一支 3 万人的强军！

"前进，战士们！"

前进，战士们！

难道我们会害怕吗？

我们知道，

敌人已铸下大错：

他们的行动得不到支持，

不用跟他们理论，

只有战斗，在战斗中死去；

在这死亡之谷，

六百骑兵呼啸冲杀。

除了在巴拉克拉瓦[1]错过了重创俄国军队的机会之外，英军还是犯了错误。英军将领换了又换，却都是一些无能之辈，但是，拥有过硬纪律的英勇步兵，俄国的炮火在他们面前并没有什么威力。

英格兰向军队送了大量的食物和供给，超过了军队的消费。抵达巴拉克拉瓦的，还有成千上万吨用以建造房屋的木料，用以制衣的布料，以及大量卫生用品、药物和娱乐设施。

---

[1] 巴拉克拉瓦，今乌克兰克里米亚搬到南部黑海沿岸港口。——译者注

在俄国的塞瓦斯托波尔[1]，经常能看到这些运送物资的货船高高的桅杆，却没有物资上船，所以前线的将士们因为衣食匮乏而丧失活力。他们衣不蔽体，几乎是光着脚；吃不饱，甚至煮饭都没有燃料，所以这是一支精疲力竭的军队。在那样的高海拔区要度过一个冬天，再雄心勃勃的军队也会丧失战斗力，雄风不再！

战场的医疗条件很差，所以上战场也就意味着死亡。坏疽夺去了五分之四的生命，大量将士丧生，如果得不到药物救治，很可能一年半的时间里就会死光。这时，英格兰护士弗洛伦斯·南丁格尔改变了这一局面，让军营恢复了秩序，伤员得到了悉心照料，并得以康复。

当英格兰再次骄傲地回顾在克里米亚战场的胜利时，希望她能铭记，是最底层的士兵让她获得了这一荣耀。一切都结束了，战争屠杀了成千上万人。——但由于政府无能而造成的死亡人数比战争造成的多数十倍。

这场胜利之战代价昂贵：俄国的势力得到了遏制，甚至连曾经占据的黑海地区都不再受其压迫。两百万土耳其人有权压迫八百万基督徒；两万英军将士为此血洒疆场。尽管付出了代价，但是，通往印度的道路畅通无阻！

---

[1] 塞瓦斯托波尔，前苏联克里米亚半岛西南部港市。——译者注

西帕依革命（印度民族起义）

英格兰原本无意征服印度。由于印度一个独立的省份对其他省份变成英国殖民地非常恼怒，其他殖民地省份就要惩罚它，这种惩罚最终变成了镇压，这个独立的省份就此被征服。这样，印度各省都变成了英国的殖民地。最后，1856年随着印度境内的奥达王国被吞并，英国的殖民地区域抵达了喜马拉雅山附近，完全控制了整个印度。小小的英国商人冒险公司已经变成了一股很强大的势力，权势滔天，富甲一方。

英国的殖民对印度而言就是行善施舍，人们的生活条件得到了改善，没有人对殖民有任何不满情绪。而那些被废黜的王公贵族，他们瞬间从贵族变成了平民，告别了衣食无忧的日子，过得非常艰辛。控制如此大的区域需要大量军队，而这些军人主要是从当地人中挑选出来的，他们被称作"西帕依"[1]，是很优秀的士兵。

1857年，奥达国王和本地的一些王公贵族秘密策划通过"西帕依"推翻英国统治，而当时正好有这样一个不可错过的好机会来实施他们的计划。

英国军队开始使用新的步枪，弹药筒可以用动物润滑油。"西帕依"们得知，他们参加的是一场推翻他们原本的宗教信仰的军队组织。这些"西帕依"们信奉的是伊斯兰教和基督教，伊斯兰教的教徒们嘴

---

[1] "西帕依"，旧时英国军队中的印度兵。——译者注

一沾到猪油，就会身陷罪无可恕的境地，印度教原本崇拜牛，但一旦做出冲撞的行为也会变成罪无可恕之人。这些英国军队不仅毁掉了他们今生的生活，还试图摧毁他们对重生的期许。

坎普尔大屠杀

这些"西帕依"士兵们恐慌不已，他们成为了恶魔的化身。22个兵营同时发生了叛乱，军官和欧洲人惨遭屠戮。印度北部城市坎普尔的暴动是这次叛乱行动的巅峰。围攻多日之后，英军卫成部队向那那·萨西伯及其率领的"西帕依"部队投降。英国军官们被杀掉了，他们的妻女、姐妹和小孩子，一共206人，都被关在了一个人公寓里，这间公寓曾经是女士们的舞厅。

这些人一共被囚禁了18天，她们所遭遇的恐怖经历我们现在已经无从得知了，18天之后的黄昏，5个带着军刀的人进入了房间，并关上了门。然后，房间里传出了哭喊、尖叫和呻吟声。房间的窗口里递出来过三次破损的军刀，要求换更锋利的。最后，呻吟和尖叫声逐渐平息了，一切恢复了安静。第二天早晨，一堆残缺的肢体被扔进了一个空井里。

两天后，英军将领哈维诺将军开始报仇。"西帕依"们被英军控制，随后他们也得到了无情的惩罚。

那些叛乱的印度人犯罪的赃证被永远埋在了坎普尔的那口井

里。我们此刻回忆起来，甚至还能看到那些"西帕依"们冷静开枪的神情。

年轻的维多利亚女王除了要面对饥荒和国内的战争，还有其他事务需要处理。一种比蒸汽更强大更有威力的力量闯进了人们的生活中。1858 年，一个奇迹诞生了，一根电缆从大西洋海底穿过，将美洲和欧洲联系到一起，两块大陆就像朋友一样挽起了手并排坐到了一起。

还有另一个奇迹，在某些特定的化学环境下，场景和事物几分钟内就能投影到一块准备好了的平面上。生活似乎发生了一场巨变，快速渗透到其中的方方面面。医学理论得以发展，并创造了全新的治疗手段。麻醉药出现了，外科手术也变得不再那么痛苦不堪。机械发明的迅速发展使得劳动效率不断提高和改善。

1851 年，维多利亚女王的丈夫阿尔伯特亲王希望能举办一场大博览会，能在一个地方展出所有惊人的成就，因此，他主持修建了西德纳姆宫，是由玻璃和钢铁建造的巨大宫殿。

文学方面，丁尼生 [1]，将英式的勇猛记录在不朽的诗篇中。萨克雷 [2] 和狄更斯 [3]，用平凡的文风描绘了维多利亚时代的光明与

---

[1] 丁尼生，1809-1892 年，英国维多利亚时代最受欢迎及最具特色的诗人代表作品《悼念》。——译者注

[2] 萨克雷，1811-1863 年，英国的批判现实主义小说家，维多利亚时代的代表人物，代表作《名利场》。——译者注

[3] 狄更斯，1812-1870 年，英国批判现实主义小说家，代表作有《雾都孤儿》，《双城记》等。——译者注

黑暗。

1861 年，女王的丈夫阿尔伯特亲王逝世，这对女王而言可谓是沉重的打击。由于在需要的时刻得到过亲王的帮助，美国人对阿尔伯特亲王的印象很好。南北战争时期，美国的命运安危未定，英格兰并未给予支持，美国分崩离析的时候，英国人可能很高兴。

我们不会忘记，有三个特别的人例外：阿尔伯特亲王、约翰·布莱特[1]和约翰·斯图亚特·穆勒[2]。

那个圆滑的外交家迪斯雷利（比肯斯菲尔德公爵）担任首相时，法郎、技术和人力打开了地中海和红海之间的水路。这样重要的通往东方的航线被法国控制，对英国可不利。英国对此也是虎视眈眈，她一刻也不愿多等。英国给贫穷的埃及总督送去了一封电报，称只要交出苏伊士运河，就能得到两千万英镑，是国际苏伊士海运运河公司[3]近一半的股金。英国一提出付款，就得到了埃及的同意。英国当时占领了阿拉伯亚丁湾港口，加上又掌握了埃及的经济命脉，事实上，英格兰已经将法国开凿的苏伊士运河收归己有了。

---

[1] 约翰·布莱特，1811-1889 年，曼彻斯特工业家、激进主义者领军人物。——译者注

[2] 约翰·斯图亚特·穆勒，1806-1873 年，英国著名哲学家和经济学家，也是影响力很大的古典自由主义思想家。——译者注

[3] 国际苏伊士海运运河公司，1857 年建立，苏伊士运河 1869 年 11 月竣工通航，之后的很长时间里，英法两国垄断了该公司 96% 的股份。——译者注

英国人在印度：印度贵族从威尔士王子阿尔伯特·爱德华手中接受印度之星的勋章

比肯斯菲尔德公爵给单身的女王加上了一顶新皇冠——印度女皇，所以，他的事业更是如日中天。他的继任者，威廉·尤尔特·格拉德斯通，伟大的自由党领袖，也乐得甘居其后。1869 年，他帮助爱尔兰摆脱了天主教会重压；三百多年来，爱尔兰一直认为天主教教义是亵渎神灵的。我们相信，如此不堪的专横统治的记忆，爱尔兰是不会轻易被抹去的，我们也相信，帮爱尔兰推翻了天主教统治，帮助爱尔兰摆脱了苦难，它对英格兰的感激之情应更深重。确实，取消英格兰教会对爱尔兰的统治是维多利亚女王采取的最正确的措施之一。

爱尔兰问题是一张纠结不清的网，再精明、再善良的政治家也都会做出各种荒诞的、不公平的、愚蠢的行为。是不是只要让爱尔兰拥有独立的议会，境况才会得以改善呢？这谁也不知道，只有通过不断实践才能知晓，而这个实验，从目前来看，英格兰还不愿意去做这样的尝试。

第十四章

奥利弗·克伦威尔

当时，与英属印度情况类似的，就数英属南非殖民地了。

1652 年，奥利弗·克伦威尔的统治巅峰时期，荷兰东印度公司，因为在通往东方的航道上需要一个中转站，因而在南非的好望角创建了一个王国的雏形。葡萄牙人和探险家们在寻找黄金的旅途中通常只是在这个毫不起眼的地方停靠一会儿。

但是，荷兰人却与众不同。他们不要求得到自然的馈赠；一旦植根于脚下的土地，无论当地的环境和条件有多么艰苦，他们也不会被其他地方优渥的条件所打动而离开。他们只求有个地方能耕种作物。于是，他们坚持在一块最贫瘠的土地上劳作。

然而，命运善待了他们，撤销了《南特赦令》[1]之后，300 名胡格诺教徒逃亡过来，他们枯燥乏味的生活才得以改观。在那片朴实的土地上，这些从荷兰和法国来的人们耐心劳作了一个多世纪，他们的

---

[1] 《南特赦令》，1598 年，法国国王亨利四世签署颁布的一条赦令，承认法国国内胡格诺教徒的信仰自由和公民权利，1685 年被国王路易十四废除。——译者注

居住地逐渐扩大，他们带去的牲畜自由啃食着嫩草；他们获得的唯一的奖励就是，这个通往印度的荒凉的中转站已经完全归他们所有了，他们心中最深切的渴望就是独立；而他们此刻是自由的，完全摆脱了旧世界专制统治的压迫。

南非殖民地

然而，英国也希望在通往印度的途中建立一个中转站。英国也亦步亦趋地跟着荷兰的脚步，建立了中转站，这时，英国的东印度公司规模更大了，在东方的殖民地也更多了。荷兰人看到旧世界的人侵入了他们的隐居地，他们原本明媚的天空开始布满乌云。也许是受此刺激，他们又吵闹了起来，荷兰人的性情和脾气是影响南非历史的两大重要因素。这时候，暴动和叛乱不断，严重至极的情况下，英国政府才来帮忙镇压。他们的镇压非常有效，1806 年，与当地武装力量的一场战争过后，英国人变成了南非殖民地实际上的统治者，1814 年，支付了 6 百万英镑给荷兰驻南非总督之后，开普殖民地最终落入了英国手中。

荷兰殖民地

由于征服和购买，英格兰最终拥有了世界上最大的钻石矿和最丰富的金矿（但当时他们并未察觉到这一点）。最终，荷兰殖民者曾花一个多世纪征服的人与自然，统统收入了英格兰手中，作为回报，荷兰人可以和平安宁地继续居住在这块他们自己开垦出来的土地上！

自此，两支差异很大的民族迅速融合到了一起。最为保守和最为激进的两支民族，要将他们各自不妥协的特性和谐相融在一起，这结果是很容易预见到的。被迫与英国人联盟的荷兰人深感受伤，努力抗争了 20 年后，他们决定离开。他们穿过奥兰治河，去远方的荒野上另建一个国度，永不让别人侵入。于是，1835 年，他们开始了"大迁徙"，约 3 万人像蜂群一样，迁徙到了奥兰治河北部的一个地区，后来又向东部拓展，到了今天纳塔尔的海岸线附近，这一大片区域此后有了一个响亮的名字：奥兰治自治邦。

1814 年，英荷签订了购买条约，没有说明奥兰治这片土地包括多大的地方，这是英方的文件出现的一个漏洞，这一大片区域还在继续向北方扩展，因此，这也是随后所有矛盾的来源。由于这一点疏忽，这将严重影响到英国的政治和外交，甚至可能使国家的声望岌岌可危。这些荷兰人究竟有没有权利在不属于他们自己的土地上，建造一个他们自己的独立国家，来封住通往北方的道路呢？英国政府会允许与自己敌对的外国人，在他们的殖民国国度边建立一个敌国吗？这些都是当时引起的争议，而其他国家对这些争议的态度也由于各自立场不同而不一。

如果知道这个矛盾会引出什么后果，那答案就会非常统一了！我们必须铭记，无论这一争议地区的主权有多不确定，英国人比荷兰人更能促进这一地区文明的发展。

英国奴隶政策

英国人与布尔人（荷裔南非人）对奴隶的政策正好相反。1835年，奴隶解放运动兴起之时，由于奴隶解放的问题而最终导致了双方的决裂。这些奴隶是布尔人的巨大财产，但是由于英国的奴隶解放运动，他们失去了这些奴隶，只得到了英国的一笔赔偿，他们认为这笔赔偿款远远比不上那群奴隶的价值，这样失去奴隶就像是没收了财产一样，因此他们恼怒不已。

布尔人在纳塔尔

于是，他们决心摆脱英国人的压迫，赶往能够自由制定他们自己的律法的地方，并按照他们自己的价值观而行事。因此，他们离开了那一片自己耕种已久的土地。

在这批奇怪的移民中，出现了一个相当重要的人物，但当时，他不过是个健康的十岁小男孩，他跟随牛车队前行的时候，总是忙着将牲口赶到一起。他名叫保罗·史蒂法纳斯·克鲁格。一天，他亲眼目睹 135 名布尔农民巧妙地利用马匹和步枪对抗 1 万 2 千名敌军枪手，这给他上了第一堂军事课。但是，这些布尔人与他们的祖先一样，也是在给英国人开路。1842 年，英军侵占了纳塔尔，到 1848 年，英军的控制区扩大到了整个奥兰治自治邦。然后，布尔人开始了又一次迁徙。这一次，布尔人渡过了法尔河，建立了德兰士瓦共和国（非洲南部）。

英国对南非政策

接下来的三十年里，英国对南非的政策摇摆不定，但他们的目标却是坚定不移的：那就是在南非建立英国的殖民统治。如果顺利的话，就进行政权和平移交，如果遭遇了反抗，就会动武。英国试图制服的，可是它的殖民史上最桀骜不驯的对象。让英国人头疼的是，他们宣告主权的文件里有缺陷。另外，这些布尔人是很守旧的民族，他们对现代化文明的政策都拒不接受。他们离开荷兰的时候就停止了进步。抢夺了他们的土地，激怒了他们，激起了他们敌意的人居然教他们要慈悲为怀，废除奴隶制。英国人因为布尔人残暴对

保罗·史蒂法纳斯·克鲁格在教会

待南非当地人而惩罚他们，处死了四名布尔人，这就等于往伤口上撒盐，和平变成了遥不可及的梦想。

1852 年，为了安抚当地人，英国放弃了对奥兰治自治邦和德兰士瓦共和国的殖民统治。然而，不到五年的时间里，布尔人由于内部冲突与不和而放弃了他们自由独立的梦想，并分裂成了四个敌对的小共和国，保罗·史蒂法纳斯·克鲁格是当时德兰士瓦的总统，他试图将它们重新统一，但却没有成功。能让他们团结一致的就是怎样去对抗南非本地人，布尔人一直没有与本地人建立友好的关系。也许，要这样一个多次迁徙的民族建立稳定的政治和经济秩序，成立一个文明国度是不现实的。但是，这种混乱的局面让英格兰相信，至少也是开始相信，让德兰士瓦加入开普殖民地才是稳妥的措施。

布尔人小心翼翼地接受了这一措施，甚至南非某些部落的首领也将之视为最佳的解决方案，而这确实也是这个落后的国度唯一的去向。

因此，1877 年，英国对德兰士瓦的殖民统治生效。德兰士瓦共和国收归维多利亚女王统治。

通过 1881 年的一项条约，德兰士瓦宣布自治，但却并没有独立，所有的外交关系都隶属于宗主国女皇维多利亚。换言之，它成为了英国的隶属国。

因为 1881 年的条约之误，英国留下了大战的隐患。1884 年，回顾英国人签订的这份协议时，原本至关重要的"宗主国女皇维多利亚"被忽略掉了，这是无意犯下的错还是有意为之，我们无从得知。德兰士瓦议院却就此抓住了机会，声称，忽略掉一个词实际上就是重新更改了原条款，承认南非共和国是一个独立的主权国家。

外交部长德比（英国中部城市）公爵回复称，重新修订条款不可能出现如此大的纰漏，英国之所以忽略掉那个词语是因为其含义模糊不清，然而，英国所要求的权益是十分清晰明白的。此举无疑是阻止南非再与其他外国势力签订合约。由于这样的权利只有英国女王才有，自然，这也就是说，南非共和国并不是一个独立的主权国家。

除去这场外交论战，英国还要应付很多不太重要的麻烦事。德兰士瓦的资源丰富得超过想象，都是英国出资开发的，如果没有英国，什么资源都发现不了。这些英国人被称作"外侨"（或称"外国人"），"外侨"们抱怨说，共同开发一定会让大家共同富裕起来，而这些本地人却不与他们合作，反而竭尽所能阻挠他们。他们还抱怨称，他们是主要的征税群体，却在政府没有发言权，他们为所有金融机构筹集资金，但是他们应得的权利被强行夺走了。

詹姆森突袭事件

这种条件下，发生了"詹姆森突袭事件"[1]，这是南非史上最丢

---

[1] "詹姆森突袭事件"，对南非共和国的一次征伐，发生于1895年12月至1896年1月，目的在于同南非河边高地白人工人的叛乱联合起来，以推翻克鲁格总统的政府。驻在索尔兹里堡的南非公司职员詹姆森率一支英国南非警察部队侵入德兰士瓦，却很快被击败并捕获。这一事件在英国引起严重的政府危机和紧张气氛，最终导致了布尔战争。——译者注

脸的事件。这次事件使人们对英国的态度产生了质疑，并引起了大家对布尔人的同情。詹姆森与南非公司的塞西尔·罗兹关系很近，他们试图推翻克鲁格政府，通过武力手段，获得那曾被婉言拒绝了的赔偿。

在德兰士瓦战争初期战斗的军官

叛乱只有演变成革命，才有其现身的价值。而"詹姆森突袭事件"却没有经历这样的进化过程。不到四天的时间，所有叛变的军队宣布投降，叛变的将领则遭到了逮捕。叛军对约翰内斯堡的攻击，以及进攻期间发生的武装暴动，被英国政府残暴压下。詹姆森及其主要谋士都被送往英格兰接受审判，并被处以不同的监禁，其他四位主要将领——其中一位是美国人——被来自奥兰治自治邦的法官判处了死刑，最终，由于向南非共和国支付了一大笔赔偿款，这些处罚全都被免除了。英格兰竭尽全力恢复自己在世界上的威望和名誉，这次凄惨的事件对英格兰造成了巨大的伤害，然而南非共和国也没得到任何好处。

然后，双方继续开始外交谈判：阿尔弗雷德·米勒爵士代表英方，同意授予外国居民以特权；取消沉重压迫在矿工阶层身上的垄断，最后也是最重要的一点是，英国对德兰士瓦的主权获得了官方认证。

这最后一点德兰士瓦总统克鲁格直接表示了反对，因为主权问题在 1884 年时就已经处理完了，因为英国修订协议时省略掉了宗主国这个词，也就表示她放弃了这里的主权，并同时提交了其他仲裁理由。

三次大战

1899 年 10 月 9 日，殖民大臣约瑟夫·张伯伦正准备新的提案时，却收到了共和国总统克鲁格的最后通牒，要求他在四十八小时内做出明确的回答，如果得不到答复，就要开战一决高下。阿尔弗雷德·米勒爵士回复道："贵方提出的要求，我方认为没有商量的余地。"

约瑟夫·张伯伦和南非共和国总统　　1899 年 10 月 22 日维多利
　　　　　　　　　　　　　　　　亚女王给战士们写慰问信

1899 年 10 月 30 日，在莱迪史密斯炮击布尔人的海军大队

10 月 11 日下午，大战开场，英方军队由布勒将军率领，而布尔军队由茹贝尔将军率领，克龙涅将军为副将。

11 月 2 日之前，双方展开了三次大战，10 月 30 日，在莱迪史密

斯 [1]，英军突袭落败，遭遇了围困，与外界失去了联系，不得不依赖于仅存的为数不多的食物和弹药生存。

英军在这次战争中屡战屡败，直到 12 月，罗伯茨勋爵任命基钦纳勋爵为参谋长，夺得了英军的最高统帅权。英格兰群情激奋，源源不断地将人力和物资送往战场前线，因此，当 20 万英国精兵在将领的统率下冲到海岸，却被 3 万良莠不齐的布尔军队阻挡在岸边时，举世为之震惊。英国政府忘记了，这些南非殖民者的祖先曾公然反抗路易十四的挑衅，路易十四向荷兰发起攻击时，这些殖民者的祖先就勇猛地切断了敌人的后路。后来人们认为，除非读过莫特利的《荷兰的崛起》，不然内阁不能投票支持与荷兰的战争。确实，许多人都认为，英国政府只想要不惜一切代价在南非确立英国的殖民统治。与此同时，许多英国名人都认为，这群荷兰人待在南非太久了，是不可能接受外来民族的；许多人还认为，荷兰人所不喜欢的英国"外侨"向他们涌来时，他们的委屈也不比"外侨"的少，外国人都十分同情布尔人。在英格兰，这次事件激起了人们的爱国热情，后来由于灾害的发生，由于失去了尊严而激起的民族自豪感，更是使人们热情爆棚。危险及所要克服的困难，贫困以及孩子们承受的苦难，都唤醒了这个民族内心的激情。布尔战争中，罗伯茨爵士唯一的儿子和达芬爵士的一个儿子相继殉难，1900 年 10 月 29 日，维多利亚女王的孙子维克托王子也殉难了，整个事件变得神圣起来，任何英国人都愿意为之而死。

---

[1] 莱迪史密斯，今位于南非南部的一个小城。——译者注

路易十四带兵打仗

1900 年 9 月 1 日，罗伯茨公爵宣布，奥兰治自治州和德兰士瓦都成为了"大不列颠王国的殖民地"。

这是大战结束的开始，1900 年 12 月 2 日，英军将领凯旋回到英格兰，人们为之欢欣鼓舞，胜利终于到来了，不久，两万名英军士兵所安眠的 6 千英里以外的那一块土地，已经完全属于英格兰所有！

但我们还是要明白，为得到南非殖民地的财产，英国付出了太大的代价，9 次激烈的卡菲尔战争（另有一次威胁），王公贵族和普通人的血液像是下雨一样注入了非洲的土壤之中。付出了这么多血肉之躯和财富，英国是变富了还是变穷了？那些布尔人沉湎于过去的伤痛之中，而英格兰却在他们面前炫耀金矿和钻石，他们没有任何喜悦和羡慕之情，英国是更受世人尊崇了，还是被世人看不起了呢？

号称南非共和国头脑和灵魂的人物，保罗·克鲁格的整个流放过程一点也不令人同情。确实，在北上流亡的旅途中，从他在牛群旁边漫步时开始，直到他在失望和怨恨中死去，他的一生似乎一直都在流放的途中，是整个流放的缩影。

德 韦 特

这一场战争最不能忽略的名字则是德韦特，他是最卓越的布尔将领，也许也是整个大战中天赋最高，也最具浪漫主义色彩的人物。德韦特在这次战争中出人意料的表现，使战争延长了时间，甚至在败局已定，无法挽回时，他继续拖延战争，直到第三年，因此这次战争也被称作"三年战争。

本书对此人的个性有荡气回肠的见证："谨以此书献给我的英国同胞们。"人们只有意识到这些话对德韦特而言意味着什么，才会相信，他最大的英雄战绩并不是在战场上获得的！

第十五章

维多利亚女王之死

　　罗伯茨爵士载誉归国，并接受了女王的急召之后，不到三周的时间里，英格兰最受爱戴的女王维多利亚陷入病榻之上，并于 1901 年 1 月 22 日死亡。

　　不久，她的儿子阿尔伯特·爱德华继位成为大不列颠和爱尔兰国王，即爱德华七世。

　　王室的更替并没有改变英帝国的历史走向。国王十分珍重严肃地承担起了继任者的职责，英格兰看起来已经得到了安全保障。1902 年 5 月终止第二次布尔战争的和会上，英方的签名是爱德华国王，而不是维多利亚女王。

　　新国王爱德华七世一直在考虑实施两项非常重要的措施，其中一项是解决爱尔兰的土地问题，这一直都是英国政治的噩梦。更详细的相关内容请见下文"爱尔兰的历史"。

　　另一项措施与教育问题相关，该措施旨在使不信奉国教的基督教徒、天主教徒和英格兰教会成员都接受教育，无论所有需缴税的学校是否有宗教课程，也无论这些宗教的本质如何，对其教徒有何束缚。

自 1832 年以来，英国已经完成了多次议会改革，似乎自由党们的变革即将开始，或者说保守党及上议院设法阻碍变革的时候即将来临了。王室完全没有什么危险。下议院才是王国真正的主宰力量，是群众意愿的唯一出口。

我们普遍认为，美利坚合众国的自由是最至高无上的。然而事实并非如此，相比共和的美国，英格兰的政府了解群众意愿的途径更多、更专业，速度也更快捷。英国的民意即命令，需即刻执行。英格兰国王享有的权力远不及美国总统，总统可以决定明确的政策，组建政务部门来实施政策，无论民众是不是喜欢，都有四年连任的时间。但英格兰国王却一点也不能这样做。如果政务大臣们提出的政策未得到下议院通过，那这些大臣们就无法立足。自安妮统治以来，国王没有拒绝签署过议会提案，只有数任乔治国王、威廉四世继续解散议会，自主行使权力。但自从维多利亚女王时代以来，有一条不成文的规定禁止了王权，而这也结束了最后一个个人政府的寿命。长期等待的结束终于到来了。

没有外人掺和的历史让国家逐渐发展壮大，走向成熟，这是因为有稳健的势力支撑。与法国不一样，英国的自由不是靠社会大变革而达成的，而是像一颗植物的种子一样，尽管有时会遭遇阻碍艰险，却一直在耐心等待时机，逐渐开枝散叶，冲破重重阻碍，渐次绽开花朵。有一些花枝并没有打开，我们将一直关注这朵历经十四个世纪风雨的花儿——这世间最实在的国家一直在追寻一个梦——个人自由仅次于全民共富的梦想！

爱尔兰简史

信仰基督教之前的爱尔兰

从古老的编年史的记载便能得知，爱尔兰人是欧洲最古老的民族，他们的历史不仅能追溯到古埃及、特洛伊、古希腊和罗马的时代，甚至能追溯到诺亚及大洪水之前的时代[1]因想避开即将到来的洪水而请求诺亚让她上方舟，却遭到诺亚拒绝的那位女士是谁呢？从东方来的爱尔兰第三支民族的首领尼美德是谁？据说，他的后裔有118位都当了国王。从希纳尔[2]逃难而来的迈尔斯是谁？据说他是天遣的统治者，带着他的埃及妻子思各塔[3]和她的儿子盖尔来过爱尔兰，他们的另一个儿子赫柏，为了纪念他阻止修建亵渎神灵的巴别塔所作的努力，将他的住地附近的人称作"希伯来人"。这些遥不可及的人物为什么会站在历史的迷雾之中，他们的名字为什么会成为不朽的记忆呢？——斯科舍、苏格兰、盖尔——盖尔这个词包括了爱尔兰和苏格兰。就连芬尼亚[4]这个词也

---

[1] 据《圣经》记载，创世之后，上帝见人在地上罪恶很大，遂后悔造人。上帝将所有人和走兽、昆虫、飞鸟都除灭，只有诺亚因在上帝面前蒙恩而得以保全一家人性命。上帝命诺亚造方舟，并保存下了所有有血肉的活物。随后，上帝降雨四十昼夜，将其他的各种活物全部除灭。——译者注

[2] 希纳尔，基督教《圣经》中提到的名称，即苏美尔或巴比伦尼亚地区。——译者注

[3] 思各塔，埃及法老的女儿。——译者注

[4] 芬尼亚会是19世纪爱尔兰争取民族独立的反英运动组织。——译者注

苏美尔人石雕

有庄严的定义，因为古塞西亚[1]国王菲尼斯[2]创建了世间的第一所大学——是一种语言学校——让人们学习72种不同的新语言，并推出了72位贤人，作为这种新颖而有难度的人文学科的代表！据我们所知，迈尔斯的儿子们赫柏和艾尔蒙最终分割了爱尔兰岛，随后，就像罗穆卢斯[3]一样，赫柏将爱捣乱的艾尔蒙赶到了海的另一侧皮克特人的地盘上，独自统治居住在爱尔兰的苏格兰人。

从奥古斯丁到英国征服

确定的是，很早的时候，希腊人称爱尔兰为"埃尔恩"[4]，后来，罗马人又称之为希伯尼亚。很久之前，爱尔兰似乎先后被希腊人和其

---

[1] 古塞西亚，古时的一个地区，包括今波兰中部河流维斯瓦河以东的东欧地区和中亚以及古希腊的东部部分区域。——译者注

[2] 菲尼斯，迈尔斯之父。——译者注

[3] 罗穆卢斯，与其胞弟雷穆斯都是罗马神话中战神玛尔斯的儿子，兄弟俩因谁获得当地神的支持应给新建城市命名的问题而争执，开战，结果，罗穆卢斯将瑞摩斯杀死。——译者注

[4] 埃尔恩，后演化成艾琳，就是和平的意思。——译者注

他东方民族殖民过，他们给已经定居于此的凯尔特人造成了深远的影响；但却只影响了他们的思想，并未影响其生活，因为爱尔兰仅仅遗留了他们的语言和梦想，没有任何希腊或其他文明的历史遗迹。唯一的建筑遗迹是巨石阵，是督伊德教[1]的祭祀之所，还有随后建造的圆塔，建造的目的无从得知。

爱尔兰人的祖先之一是雅利安人[2]，其简单的社会结构和法律系统都是沿袭于雅利安人。家庭是社会的基本单位，家族或氏族就是指一个大家庭。信仰基督教之前的爱尔兰被五大氏族分割：芒斯特、康诺特、阿尔斯特、伦斯特和米斯。各家都由一位首领或国王统领，国王就是氏族或家族的首领。其中四个家族宣布效忠于居住在爱尔兰塔拉地区的米斯首领阿德·里格，但是，首领不得插手管理各家族的内部事务。这也是首领与四个家族之间一个永久的矛盾。家族之外的地方就是敌人的地盘。人们生计来源就是抢掠和盗窃，人们心中最大的英雄就是有胆量完成抢掠和盗窃的人。

所有关系亲近的人都按统一的法律条文约束自己，由世袭的法官"布里恩"们决定。所有罪行都需缴纳罚金[3]。土地归家族所有。当时没有长子继承权，首领的继任者由氏族成员决定，他们有权选择家族内的任何人担任继承人。这一条在布里恩法律中被称为"继承法"，

---

[1] 指古代英国、爱尔兰、高卢地区凯尔特人的一种宗教。——译者注

[2] 今俄罗斯乌拉尔山脉南部草原上的一个古老民族，是世界三大古游牧民族之一。——译者注

[3] erics，旧爱尔兰法律中谋杀凶案案犯要向受害人家属支付的罚金。——译者注

与后来爱尔兰的历史紧密相关。比酋长或国王更尊贵的阶级被称作吟游诗人 [1]。这些人虽然只是诗人或歌手,但法官们对他们都敬畏三分,酋长们见到他们要低头行礼。

罗马统治不列颠期间,不列颠开始基督教化,而信仰异教的爱尔兰虽然距不列颠很近,却没有受其影响。然而,公元432年,不列颠重新皈依了异教之后,圣帕特里克[2]踏上了黑暗的爱尔兰岛。如果基督教的五旬节派之火照耀过爱尔兰这个国度,那应该就是在圣徒圣帕特里克使信仰异教的爱尔兰,变为信仰基督教的那六十年之内吧,他将爱尔兰变成了传播智慧和精神之火的火炬手,欧洲遭受哥特人的野蛮入侵之时,文明之光的光源似乎从罗马转移到了爱尔兰。他们的传教士走遍了英国、德国和高卢地区,信众包括来自查理曼大帝的国度以及其他地区的人民,教徒们进入石砌的教堂,教堂的遗址现在仍然遍布于爱尔兰海岸上,当时,这里可谓是欧洲的学术中心。直到9世纪末期,爱尔兰才在欧洲历史上发挥了重要作用。罗马很嫉妒这些激情澎湃的传教士,他们并不受罗马教会的统治,而且也不认为自己隶属于教皇。爱尔兰的传教士对发型以及庆祝复活节的时间有自己的规定,这些规定都是不符合罗马天主教教义的,因此罗马天主教和西方的基督教之间开始了一场漫长的斗争。伴随着这种精神重生而来的还有

---

[1] 吟游诗人,原文为 Bards,意为古代凯尔特族吟唱史诗的诗人和歌手,随身携带竖琴用以伴奏。——译者注

[2] 圣帕特里克,后被称作爱尔兰守护神,是个奋力传播基督教的历史人物,生活在 5 世纪时。——译者注

对艺术以及文化的热爱，这时候确实是文化和文艺等发展的黄金时代。然而，抄录弥撒书以及研究希腊诗歌和哲学并没有改变人们的生活。这些都只是学者们学习的资料，也是对过去的文化的崇尚。但是基督教徒们像以往一样相互斗争，生活并没有变得比以前更有秩序、更文明。

八世纪时，爱尔兰迎来了第一批维京海盗（北欧海盗）。当时，爱尔兰人们开始有了主人翁意识，奥布赖恩家族成员，布莱恩·博茹成为了爱尔兰国王。他驱逐了当时入侵爱尔兰的丹麦人，篡夺了酋长之位，在塔拉宫统治了数年，他死亡之后，他的土地再次陷入了家族的纷争和冲突之中。但是，伦斯特国王德莫特与布雷夫尼国王之间的争风吃醋导致了爱尔兰被英格兰征服。就跟特洛伊的史诗[1]一样，爱尔兰的史诗也有自己的帕里斯与海伦。如果残暴的老国王德莫特没有爱上布雷夫尼酋长的妻子并将她掳走，那么，历史的走向也会改变的。深感受伤的布雷夫尼酋长发起了对情敌伦斯特国王的战争，国王本人也参与其中，战争非常激烈，国王不得不请求英格兰国王亨利二世出面帮忙。英格兰彭布罗克公爵，即有名的"强弓手"理查德·菲茨·吉尔伯特率一群爱冒险的爵士，帮助伦斯特国王击败了酋长，并将丹麦人驱逐出了丹麦人建造的都柏林，英格兰人则控制了那座城市。亨利二世则亲自率领一支装备齐全的将士，跟随着未经授权而私自

---

[1] 特洛伊的史诗，据传，小亚细亚古城特洛伊王子帕里斯爱上了斯巴达国王墨涅拉俄斯王妃海伦，并将她带回了特洛伊，由此引发了特洛伊之战，以迈锡尼王阿伽门农为首的希腊联军进攻以帕里斯为首的军队，将帕里斯军队赶到特洛伊，并围城攻打十年，最后，希腊联军巧施"木马计"获胜。——译者注

成军的贵族们的脚步，于1171年登陆了爱尔兰海岸。

很快，英格兰国王就征服了爱尔兰，亨利二世继续组建他的新地盘，将它划分成多个郡县，在都柏林设立法院，并设置了国王在这里的代表。英格兰的法律系统是为诺曼贵族和英格兰定居者们设定的，而爱尔兰本国人可以按照以前的"布里恩"律法系统而生活。亨利给他的贵族们授予了大量土地，并规定他们对土地有封建所有权，随后便回了英格兰，只留下驻守在爱尔兰的贵族们自己建设自己的领地，并尽可能与爱尔兰部落酋长们达成协议。权力归属是双方争吵的主题，在爱尔兰，"布里恩"与封建体系之间的斗争直到现在仍然没有停息。如果亨利的本意是希望将爱尔兰人变成英格兰人的话，那他可打错了算盘，因为实际情况恰好相反——诺曼－英格兰人反而逐渐变成了爱尔兰人，两个民族此后毗邻而居，古爱尔兰人和盎格鲁－爱尔兰人，无论之前多么敌视彼此，一旦有什么紧急状况却还能团结一致。

从亨利二世到伊丽莎白

一场风暴只有一个中心，这样的风暴很容易解决。但是一场有多个中心的飓风应该怎么办呢？爱尔兰各部族酋长相互开战，诺曼贵族们眼红彼此的财富，爱尔兰的奥奈尔、奥康奈尔和奥勃良氏族一直为了被夺走的领地而不停战斗，所有人都与他们展开了殊死决战；然而，为了保护爱尔兰，这些人也都准备好冒死战斗。这种纷争之中，这些地方领主就是社会的基本结构。亨利二世赐予他们的特权事实上造就了一批侯国和公国。这些领主则被称作公爵或侯爵，侯爵的权力滔天。每一位侯爵其实就是自己小领地内的国王——他们可以向邻近的侯国发动战争，也可以从自己的部下里征召兵役。在这些侯爵中发挥历史性作用的杰拉德家族、基尔代尔家族和杰斯蒙德家族都是这个著名的诺曼家族的分支，他们一直拥护英格兰王室，并一直与爱尔兰的奥蒙德王室为敌，这是爱尔兰第二支最强势的盎格鲁–诺曼王室，是托马斯·贝克特[1]的后裔。这些贵族爵士，或称"佩尔爵士"们，自然是国王的代表。但杰拉德家族似乎已经有足够的时间来建立自己的财库，他们与邻居们和睦相处，这也有助于他们积累财富，而与爱尔兰本地酋长的结合与联姻也让他们真正成为了爱尔兰人。

但本章的主要目标并不是追溯这些强盗的光辉历史，他们将全爱尔兰视作他们的合法财产，而那些不幸的爱尔兰当地人，失去了他们原本的家园，藏身在森林和沼泽之中，英格兰政府试图通过政策抹去他们自己国家的历史。本章记述的是英格兰迫使爱尔兰臣服的历史，但却不是赢得爱尔兰人忠心的历史！而世上没有哪个民族比爱尔兰人更容易被善良打动，没有哪个民族比爱尔兰人更容易因个人魅力而动情，没有哪个民族比爱尔兰人更崇尚忠诚。如果当时是用柔和的政策感化他们，而不是动用武力侵略，那结果究竟会有什么不一样呢？这个问题，我们现在只能做个推测。但是，我们都明白往伤口上撒盐的

---

[1] 托马斯·贝克特，英格兰亨利二世的大法官兼上议院议长。——译者注

严重后果，对待一个本土的民族如同侵略者，如同歹徒一样，这样做所导致的严重后果我们都已经领教到了。

爱德华三世希望征召健硕有力的年轻爱尔兰男士入伍，派他们上法国战场，赢得克雷西战役（而这一点爱尔兰人做到了），于是，听命于爱德华的爱尔兰议会通过了《基尔肯尼法案》（1366年）。该法案有如下规定：英国人和爱尔兰人若通婚，将被处以最残酷的死刑；英国人若将马匹、货物以及任何武器售卖给爱尔兰人，将被视作叛国；与爱尔兰人发生冲突由英国殖民者裁决；说爱尔兰语会受到刑事处罚；杀戮爱尔兰人不是犯罪。

尽管统治的手段很残忍冷酷，但英格兰却逐渐放松了对这里的管束。她还要处理大战等各种纷争，还要追求更多权势和利益。爱尔兰的事务都交给了杰拉德干室和爱尔兰议会，议会是由"佩尔爵士"们控制的。两族通婚尽管之前会遭到严酷的惩罚，但通婚也逐渐变得盛行起来，许多被废黜的酋长，尤其是奥奈尔家族，都收回了自己的土地。因此，亨利七世即位时，虽然诺曼旗帜在英控爱尔兰悬挂了三个世纪，然而"佩尔"[1]的区域却减少到了都柏林附近的一小块区域。

亨利七世决心改变这一切。爱德华·波伊宁斯[2]被任命为爱尔兰总督，议会通过了《波伊宁斯法案》，使爱尔兰施行英格兰的法律。亨利八世继位之后，精明的总理大臣沃尔西很快就对杰拉德的忠诚度

---

[1] "佩尔"，受英格兰统治的爱尔兰地区。——译者注
[2] 爱德华·波伊宁斯，1459-1521年，英国政治家、外交家。——译者注

产生了质疑。如果身居高位的盎格鲁–爱尔兰人不作为，那么，《基尔肯尼法案》和《波伊宁斯法案》有什么用处呢？沃尔西决定让他们垮台。基尔代尔公爵被调到了伦敦，6个不幸的家族首领被砍了头。亨利八世对天主教的抵制使爱尔兰当地人与盎格鲁–爱尔兰人团结了起来。此前这里的斗争仅仅是两大民族为了领地而战，但此时，他们却因为教会之危机而团结在一起。1560年，伊丽莎白女王批准了著名的《统一法令》，规定使用新教的礼拜仪式和祈祷书，民愤四起，这次压迫还引起了民众对之前错误政策的愤慨。爱尔兰对英格兰充满了仇恨，热切期待能复仇，阿尔斯特地区的奥奈尔家族准备反抗英格兰。他们扔掉了亨利八世赐予的蒂龙公爵的头衔，宣称根据古老的爱尔兰继承法，谢恩·奥奈尔为阿尔斯特国王！这是验证爱尔兰和英格兰法律法规有效性的途径。应英国女王伊丽莎白之邀，阿尔斯特国王谢恩大帝率众拜访英王廷，他们身着橙色的衬衫，带着长柄阔嘴斧。机智的女王与对手们在王廷上和平共处，但接下来数周的时间里，便做出了将阿尔斯特国王的头挂在都柏林城堡的墙头的决定。他的王国里都是英格兰和苏格兰的移民，只要想定居于爱尔兰，就会被奥奈尔家族杀掉。唯一的解决方案就是完全除掉这个害人不浅的家族。随后，女王甚至意图除掉所有爱尔兰人，但却并没有完全清除掉杰拉德家族的人，这个残暴的计划导致了著名的"杰拉德联盟"的诞生，甚至诱发了德斯蒙德叛乱。这支复仇者联盟，信仰的是天主教。杰拉德家族的德斯蒙德公爵一直都在与罗马和西班牙联络，希望争取他们对爱尔兰天主教徒的同情。当时发生的一起事件使爱尔兰人坚定了意愿，一定要抗争到底，即使失败也不遗憾。事情是这样的，在弗朗西斯·克罗斯比[1]爵士的提议下，康诺特省各酋长和首领率亲属们应邀参加一场宴会，地点在伦斯特省基尔代尔县巴尔的摩村南部的穆拉马斯特要塞，在宴会上，遭到了英格兰人的屠杀。仅奥摩尔家族就有180位成员遭遇了屠杀，罗杰·奥摩尔因为没有参与宴会而存活了下来，成为了这一家族唯一的幸存者，事过多年，他仍然记得这一惨案，因此他提出了一个口号："铭记穆拉马斯特！"这时，酝酿已久的战争拉开了序幕，冲锋者是杰拉德家族的人。但是，战争失败了。另一位基尔代尔公爵被送上了断头台，另一位德斯蒙德家族人的头颅被挂上了爱尔兰的城墙示众，以警告人们背叛英国将会是什么下场！那些躲过了屠杀的人们后来都被处死了，而既躲过了屠杀也躲过了处死的人们则在饥荒中饿死。这样，芒斯特"恢复了安宁"，这场起义也就此结束。德斯蒙德跨度100英里的土地上住满了从英格兰过来的移民，他们将在这里定居下来。

随后，阿尔斯特爆发了另一场叛乱——曾经飞黄腾达的蒂龙公爵因为与西班牙结盟叛变而被砍了头。女王派埃瑟克斯公爵镇压蒂龙的叛变，但是，镇压失败，在本来可以使叛军投降的重要关头，埃瑟克斯公爵却宣布停战，这惹怒了女王伊丽莎白，于是女王把他调回英国，处死了。另一位能力更强的将领芒乔伊上了战场，他不辱使命，镇压了叛乱。叛军将领遭到了流放，名下的六个郡县被没收，那六个郡县里住的都是苏格兰居民，而阿尔斯特也"恢复了安宁"。

---

[1]　弗朗西斯·克罗斯比，亨利八世时爱尔兰的一位英国战士。——译者注

查理一世的统治给爱尔兰点燃了新的生机，斯特拉福德公爵来爱尔兰，做出了宗教自由和公民自由的允诺，纠正了之前犯下的错误，爱尔兰议会对此感激不已，于是立刻筹集了国王需要的 10 万英镑，以及 1 万将士和 1000 匹马，用以充实查理的军队。不久，查理一世和主教劳德试图迫使苏格兰人接受英国国教会的教条，因而新的战争又开始了。爱尔兰人和苏格兰移民的长期冲突导致了爱尔兰长老派教徒和爱尔兰天主教徒之间矛盾不断。因此，英国国王的意愿也就是爱尔兰的意愿，国王的敌人也是爱尔兰的敌人，国王的胜利也是爱尔兰的胜利。爱尔兰的自由似乎触手可及了。爱尔兰的"佩尔爵士"们马上与英国国王展开了沟通，希望能配合国王实施对爱尔兰的政策。在这种情况下，因为急需用钱，查理一世组建了议会（1641 年）——著名的长期议会——这个议会使英国经历了二十年动荡不安的时代。

如果没有 1641 年的这段恐怖的历史，爱尔兰会是怎样的？本章对这一段恐怖历史做一个简要介绍，一群失望至极、愤怒至极的爱尔兰人全副武装，对阿马[1]和蒂龙的苏格兰移民展开了一场残忍的屠杀和劫掠，杀害了大量移民。

我们无法相信，这场惨案是有预谋的，然而，惨案却发生了，手段残暴，死伤惨重，惊世骇俗。无论何时，都是不容为屠杀辩护的！如果这样一场惨案的发生没有任何背景，任何条件，毫无理由地发生，

---

[1] 阿马，北爱尔兰南部一市区，据说由圣帕特里克创建，是爱尔兰罗马天主教和新教主教所在地。——译者注

那它可就是史上最黑暗的一个篇章了！后来还发生了很多次屠杀——不是为了复仇，而是为了了却仇恨！爱尔兰天主教徒对新教徒的屠杀与新教徒对天主教徒的屠杀同样地选在光明正大的场合。还未完全文明化的爱尔兰人对付他们压迫者的手段，与压迫者对他们的手段相差无几，这难道很奇怪吗？还能期待他们用别的什么手段吗？尤其是，我们还了解到，蒂龙和阿马的苏格兰长老派教徒们马上开始了报复行动，他们杀害了与这次屠杀毫无关系的 30 户爱尔兰天主教家庭！

从伊丽莎白到威廉三世和玛丽

长期议会刚成立不久，斯特拉福德公爵就被砍了头；随后，大主教劳德也落得了同样的下场，1649 年，查理一世在白厅被处死了，也结束了英格兰追求自由之梦。克伦威尔一上台，关注的第一件事就是镇压爱尔兰境内的天主教革命，天主教徒们一直被背信弃义的国王查理一世玩弄，甚至此时还在为流亡的王子查理与罗马教廷使者斡旋。

克伦威尔花了六年时间，杀害了 60 万人性命，为 1641 年的罪恶和屠杀惩罚了爱尔兰；此时仅仅是惩罚的开始，这样的惩罚可是前无古人,后无来者的！克伦威尔的伟大计划是这样的: 1654 年 5 月 1 日前，所有爱尔兰人都要移居到康诺特，在爱尔兰中西部的香农河与海洋之间的一块荒无人烟的小区域里居住下来，据说这个地方是某位官员特地为爱尔兰人保留下来的，"这里没有足够的木料生火，也没有足够的水以解渴，土地也不足以葬人"。他们不得靠近河流两英里之内的区域，也不能靠近海岸四英里以内的区域，如果有人胆敢跨过，就会遭到常驻那里的士兵们的枪杀。5月1日后，若有爱尔兰人还未进入康诺特，也会被杀死。反抗是没有用的。据说，当时有人恳求放宽时限，有人要求偶尔放松限制，延长他们幸福的时光，甚至有人要求要为他们准备食物和住所。于是，时间一到，在刺刀的逼迫下，爱尔兰人涌入了康诺特，那些衣冠楚楚的富人们，软弱无力的穷人们，从贵族到奴仆，从官员到农民，一起遭受了这次放逐，并且没有食物来源。还有人则遭遇得更惨，无数人，女人和孩子，各阶层民众，都因各种原因而被囚禁了。大规模地屠杀这么多人是不可能的，因此这些人被成批贩卖或运走了，他们大部分人都去了美洲的西印度群岛，英国的新殖民地牙买加岛，之后再也没有人听说过他们，那些强壮的人，有的逃亡到了其他地方，有的进入了深林之中，与野兽为伍，像狼群一样藏身在洞穴和岩缝之中，如果有人砍下他们的头，便能得到赏金！

克伦威尔的屠杀与1641年的屠杀，笔者认为，克伦威尔的屠杀行动才是压在爱尔兰身上更沉重的负担！爱尔兰人对英格兰的憎恶谁会怀疑呢？这样离群索居的一个民族，英国政治家统治他们是有难度，谁会怀疑呢？

然而，消灭一个民族是需要时间的，克伦威尔的镇压尽管手段高超，也还是需要时间。1660年，查理二世登基称帝，人们重新看到了希望，查理一世时所承受的冤屈将会在他的儿子统治时期得到平反。曾经囚禁爱尔兰人的康诺特的那个地方，克伦威尔赐予给了他的部下们。

然而，时代改变了，潮流也改变了，这些爱尔兰人也帮助了流亡的查理王子回到了王位上。他们期待受到奖赏，而不是惩罚！就跟其他成功继承王位的继承人一样，查理二世也因跟盟友之间的契约而烦恼不已，自1641年的大屠杀以来，人们就一直对天主教没有好感，而查理二世绝对不能冒犯了人们的这种情绪。土地的问题最终得到了解决；爱尔兰人若能够在教廷大使面前证明自己的清白,也能够将之前所有的罪责都清除干净，那他们就能重新获得之前被没收的财产。因此，一小部分领土回到了爱尔兰人手中，而虔诚的新教徒奥蒙德公爵，当选为爱尔兰总督。

尽管查理二世名义上也是新教徒，但对喜好享乐的查理二世而言，王国的宗教问题根本不值得一提。因此，爱尔兰的天主教徒们的境况得到了改善，英格兰和爱尔兰的新教徒们都提高了警惕。有大屠杀的前车之鉴，他们认为，让新教徒安全的唯一办法就是，让爱尔兰教皇派教徒们陷入孤立无援的境地，骚动又开始了。民众的恐惧感只要一点点火星就能燃烧起来。爱尔兰爵士爱德华·贝里·戈弗雷遇害成为了点燃恐惧感的火星。全英格兰最无赖的泰特斯·奥茨当时向爱德华·戈弗雷捏造了一个谣言，天主教策划暗杀国王查理二世，让其弟弟继位。随后，国王听信了戈弗雷，导致了大量天主教徒被屠杀，伦敦城也遭到了焚毁，而法国却在此时入侵了爱尔兰，国王认为，天主教与法国是共谋。人们在一座山上发现了爱德华爵士的尸体，于是认为国王准备要镇压，人们为此陷入愤怒。只有死了，人们的愤怒才能平息。天主教大主教普伦基特备受人尊敬，就连新教徒也很爱戴他，他不得不因此而来伦敦，为了一次并不存在的法国阴谋，为了一次与天主教无关的法国入侵，而上了绞刑架。无辜的受害者被迫离开了家，其中 15 位被处以绞刑，2000 人遭到囚禁，泰特斯·奥茨则被视为英国的英雄，获准入住白厅，并获得了一年 600 英镑的薪金。两年多的时间里，奥茨因为责骂王位继承人为"卖国贼"而被逐出了白厅，罪名被定为"叛国"，于是，他被上了颈手枷，遭到鞭笞，并处以终生囚禁。这次事件也被称作"天主教阴谋"（1678 年）。

1685 年，查理二世过世，他的弟弟詹姆士二世继位。虽然詹姆士二世对英格兰残忍的统治是英格兰史上的一场灾难，但是，给信仰天主教的爱尔兰带来了活力。詹姆士二世一直希望确立天主教的国教地位，因此信仰天主教的爱尔兰就是他这一政策的主力军，也是他这一政策的坚强后盾。信仰新教的奥蒙德公爵被废黜了，一位信仰天主教的公爵接替了他的职位，成为了新任爱尔兰总督。天主教反击的机会终于到来了，没有时间可以浪费。爱尔兰新议会成立了，只有 6 位新教徒。天主教徒们多年的梦想终于成真了。《波伊宁斯法案》被撤销，爱尔兰天主教的损失得到了弥补。之前因为《定居法案》而被没收了财产的爱尔兰富翁们收回了自己的土地。受到重罚的新教徒们收到命令，要求他们在指定日期之前缴械投降。之前人头有赏金的那些人们，现在是国王手下的官员，率领士兵冲进了新教徒的领地之中。新教徒们都离开了爱尔兰，有些人逃到了英格兰，有的人逃到了北爱尔兰的恩尼斯吉林和伦敦德里 [1]，后者的后缀"德里"是因为纪念曾

---

[1] 恩尼斯吉林和伦敦德里，两城都是北爱尔兰城市。——译者注

经的一场战争，当时，该城被敌军围困了 105 天，而城里的居民们英勇护卫这座城市。

与此同时，英格兰人民认为，要想让王国得到安宁，就必须将詹姆士二世驱逐出境。奥兰治的威廉接受了邀请，携妻子玛丽登上英格兰王位。逃亡的詹姆士二世与他的政友法国国王路易十四联手，继续领导爱尔兰的叛乱，詹姆士二世也希望借此回到英国。

然而，所有这些颠覆性事件都让信仰天主教的爱尔兰人明白，长期以来，他们从英格兰独立的梦想就要实现了，他们将成立自己的国度，信仰天主教的詹姆士二世就是他们的国王。詹姆士二世率舰队以及路易十四派遣的法国官员和军需用品抵达爱尔兰时，爱尔兰人热情地欢迎他。他们的"救星"来了！詹姆士二世去柏林城堡时，道路上架起了象征胜利和辉煌的拱桥，路旁插满了鲜花。但这些鲜花还未完全凋谢，詹姆士就遇到了英王威廉的军队，"博因河之战"打响了，詹姆士二世战败（1690 年），不久，他就再次逃回了法国。

从威廉三世到合并统一

由于伦敦德里城已经成为了新教徒在北爱尔兰最后的避难所，爱尔兰的天主教徒们选择了爱尔兰北部港市利默里克，作为他们的最后根据地。这两个地名成为了爱尔兰英勇行动的代名词。国王詹姆士二世逃走之后，威廉的军队在金克尔将军的率领下对利默里克发起突袭，爱尔兰的卢肯公爵帕特里克·萨斯菲尔德英勇守卫，这是整场战争中最光辉的一篇。利默里克的失守标志着战争的结束。爱尔兰人的"救星"再次变成了法国的流亡者，爱尔兰要面对的是一位严格的新教徒国王，要再次为之前的罪行而受到惩罚。

根据随后的《利默里克条约》，由于萨斯菲尔德英勇对抗英国将领，因此受降的条件比意料的要更好。英军对爱尔兰人的行为表示完全宽恕，而且恢复了查理二世统治期内天主教徒们所享有的权益。爱尔兰原本的军队及其官员全部解散，他们可以自己选择是去为英格兰的威廉国王服役还是去其他欧洲国家，如法国和西班牙等服役；令人伤感的独立结束了，妻子和母亲们绝望地站在即将撤离的船上，1690年的大革命最终拉上了帷幕。

当然，《波伊宁斯法案》得到了恢复，而当时的其他法案得以撤销，爱尔兰的新时期到来了；这是一段安宁的岁月，但这种安宁不同于墓地的沉寂，这种安宁的氛围中，伤员逐渐恢复活力，而疲乏不堪的人们也不再反抗。整整一个世纪，再没有革命，没有起义，没有叛乱。没有什么需要变革，没有什么需要起义！爱尔兰强健有力的人们奔赴了国外的战场，只留下了不能作战的残病妇孺，他们的心被揉碎了，希望也破灭了，却仍然耐心等待，令人为之叹息，如威廉《刑法典》等一系列残酷的法典在这里开始实施。这些法令并不像前朝的法令那么血腥，而只是通过毁掉所有的雄心壮志，烘干所有热血，将爱尔兰变成流亡者的国度。

此处列出一些那部著名的，或者说臭名昭著的《刑法典》的一些条款：天主教徒无法享有或赠送财产；天主教徒买马匹的价格不得超过 5 英镑；天主教徒卖马价格只能由新教徒定。天主教徒不得参加任何学习课程，天主教徒不得在学校任教，也不能将孩子们送往国内外的学校受教。任何律师文员都必须庄严承诺，不得以任何目的雇佣天主教徒。天主教徒持有武器会被处以罚金、笞刑、上颈手枷示众和监禁等惩罚。天主教徒不得继承新教徒遗产，也不得接受新教徒的财产馈赠。天主教徒的长子，只有接受了新教的信仰，才能成为父亲所有财产的唯一合法继承人，而他的父亲则变成了终生受益人；接受了新教信仰的孩子则将离开父亲，并获得父亲的一部分财产；放弃天主教信仰的妻子有权解除与丈夫的婚姻，并获得丈夫的一部分财产。

这些条款导致了这样一个结果：为了让家人们不挨饿，许多人假装改变了信仰，这一结果很反常。据说，老索蒙德爵士夫人因为接受了新教而受人指责的时候，她快速做出了驳斥："相比让所有索蒙德家族的人变成乞丐，让我这一个老妇人去死不是更好吗？"

除此之外，上议院大法官鲍斯和审判长罗宾逊通过一项决议，称"法律不允许爱尔兰出现罗马天主教徒"，而英格兰米斯的主教也在讲道坛上宣布，"我们不必对天主教徒守信用"。身处这个恐怖的剥削统治之下的民族是不容小觑的，他们的权益必须严肃对待，这一点其他民族是必须记住的。他们是一个大民族，居住在自己的国度之中，原本有一个属于他们的议会，而现在这个议会却被少数外国人夺走了。

这个"新教至上"的时代，议会里只有新教徒。他们享有所有特权，只有他们才有选举权；他们是社会的上层阶级，而爱尔兰的天主教徒，无论他是什么阶级，都是新教徒的奴仆，但不要就此认为，爱尔兰的新教徒会很幸运。爱尔兰的新教徒们是阻挡爱尔兰本土潮流的防水堤，虽然这样，英格兰是不会允许他们在爱尔兰繁荣昌盛的。英格兰统治爱尔兰的理论就是让爱尔兰人变得无助，为了达到这个目的就必须让他们陷入贫困之中。查理二世统治期内，英格兰不得进口爱尔兰的牛肉。这一禁令起先给爱尔兰造成了灾难性的影响，但后来，爱尔兰人发现，羊比牛出口英格兰的利益要更多，因此对牛肉的限令也就不那么令人恐惧了。欧洲对爱尔兰羊毛的需求日渐增多，许多外国羊毛货物制造者们纷纷入驻爱尔兰开设工厂，也给爱尔兰大部分人提供了工作机会。

发现爱尔兰出口羊已经发展成一项收益颇丰的行业时，英格兰深感恐慌。英国商人们要求立法保护本国商业免遭爱尔兰竞争，于是，1699 年，英国通过一项法案，禁止爱尔兰向英格兰和其他国家出口羊毛制成品。爱尔兰的工厂被关闭了，制造商们也永远离开了爱尔兰，所有爱尔兰人都失业了。随后，爱尔兰人开始逃离这个即将遭遇饥荒的祖国。

在爱尔兰，羊毛没有市场，价格就很便宜，一磅羊毛只要 5 便士 [1]，但在法国却要 2.5 先令！于是，法国人赶到了爱尔兰漫长的、锯齿状的海岸线，希望能在这里找到货，法国船只需在海岸线附近徘

---

[1] 便士，缩略符 d.，1971 年前，英国使用十进制货币之前的一种旧制辅币，与如今的便士略有不同。——译者注

徊，等待找机会靠近的爱尔兰人；这里的人们本来就因失业而饥饿不已，饥荒的爆发更让他们饥肠辘辘！爱尔兰人违反法律，将羊毛打包存放在海岸边的岩洞里，难道不行吗？合法贸易不可能的情况下，人们进行走私难道很奇怪吗？

因此，这个时候，要在爱尔兰建立盈利性企业是不可能的。英格兰派遣到爱尔兰的殖民者们发现，曾经还试图在这里发财，而此刻这里已变成了废墟，这真令人寒心。爱尔兰人对祖国的热爱已不复存在，甚至有些人由爱生恨。爱尔兰新教徒被禁止加入议会，于是爱尔兰新教徒与英格兰新教徒的冲突爆发；支持政府政策与反对政府政策的人们之间产生了斗争。这样的冲突斗争一直到18世纪中期都没有结束。上层阶级，主要都是英格兰人，都很寒心；下层的劳苦大众，手无寸铁，力量有限，这些人心里只有两种情感交汇——对他们宗教的热爱和对英格兰的仇恨。

最先出声支援爱尔兰追求宪法赋予的权利的是威廉·莫利纽兹（1656-1698年），他是爱尔兰学者、哲学家，是英国哲学家约翰·洛克（1632-1704年）的密友。17世纪后半叶，他起草了一份小册子，用最平和的笔调让人们察觉到，五百年前英格兰赋予爱尔兰的法律和自由已经受到了冒犯，爱尔兰议会原本是神圣不可侵犯的机构，但却遭到了废除。这本小册子本身很微不足道，但它却引起了一场猛烈的风暴。他提出了宪法赋予的爱尔兰的权利！这个人疯了吗？议会谴责这本书是具有煽动性的，是对英国的诽谤，随后书被刽子手们撕毁。主教乔纳森·斯威夫特虽然有一半的盎格鲁血统，却更加同情爱尔兰，他是个热情的高教会派 [1] 教徒，极力反对天主教，他也发表了一篇讽刺性的文章，名为《野人刍议》，在文中，他建议饥饿的爱尔兰人用自己的孩子去换取食物，选一些孩子送给地主，地主们已经吞掉了他们父辈们所有的财物，所以他们的孩子也有权使用。这一作品对爱尔兰更具刺激性，因为文章的作者还不是热爱爱尔兰的人，而是英国的托利党人。斯威夫特并不关心爱尔兰及其人民，但他讨厌暴政和不公，在任职都柏林圣帕特里克大教堂主教期间，他对自己目睹的都柏林的社会状况非常恼火。有人对他幽默而讽刺的作品进行攻击，他完全不屑一顾，他的文章比莫利纽兹冷静平淡的笔调更打动人。

此刻，安宁的日子已走到了尽头，议会中出现了一批热爱爱尔兰的人，1760 年，他们在亨利·弗乐德 [2] 的率领下，在基尔肯尼准备起义。漫长的黑夜之后，爱尔兰终于迎来了曙光；1775 年，弗乐德的朋友，爱尔兰爱国党领袖亨利·格拉顿加入了弗乐德的阵营之后，短暂的白昼即刻到了午时。除了埃德蒙·伯克 [3]，格拉顿是最伟大的爱尔兰人。美洲殖民地摆脱英国暴政的关键时期，爱尔兰能有这样一个爱国领袖真是很幸运。相比爱尔兰人，美国人承受的英国暴政根本不值一提。如果迫使英格兰放弃对他们的束缚，那此刻就是最好的时机，这时英美两国的战争在大西洋那一边正如火如荼地进行着。支持美国独立的势力与支持爱尔兰宪法独立的势力旗鼓相当。在这关键的时候，领导

---

[1] 高教会派，英格兰国教的一个分支。——译者注

[2] 亨利·弗乐德，1732-1791 年，爱尔兰政治家。——译者注

[3] 埃德蒙·伯克，1729-1797 年，英国政治家、下议院的辉格党人。——译者注

爱尔兰独立起义的是格拉顿。他是个新教徒，却非常看好天主教势力；他是个坚定的爱国主义者，却一直推崇英国政府的统治。他坚决反对排斥天主教，反对由新教统治爱尔兰，也反对任何暴力行动，他决心变革——然而，他只是想通过改变法律条文使英格兰放弃爱尔兰的压迫。他对美国独立战争期间的爱尔兰独立运动，投入了巨大的热情，他认为这样做符合宪法规定。他个人很同情那些奋斗的殖民地人民，但他还是为了英国的长久统治而筹集人力和财力。赋予占多数的天主教徒的同等权利，会让他们势力加强。而新教徒格拉顿，却竭力提倡让这占总人数五分之四的天主教徒们获得自由。受这种公平无私的精神所驱使，格拉顿从冲动的弗拉德手中接过了爱尔兰这张错综复杂的大网；他的口才和行动让两项任务同时进行——争取爱尔兰议会的独立以及放松对爱尔兰贸易的束缚。

自莫利纽斯温和的劝谏小册子发表以来，时代已经发生了巨变，当时，格拉顿著名的《权利宣言》受到18个郡县支持，最终，1782年，爱尔兰下议院向爱尔兰总督提出请愿，要求商业和生产自由。

一系列意料之外的事件给爱尔兰的这次请愿带来了困难。首先，英格兰已经意识到，要阻止爱尔兰发生入侵英格兰这样类似美国独立的战争冲突了。于是，英国决定征调一支由新教徒组成的民兵，曾试图在爱尔兰筹集人力和钱，没有成功。其次，由于爱尔兰没有防御措施，美国海军将领保罗·琼斯率军入侵贝尔法斯特[1]及沿岸其他地区，

---

[1] 贝尔法斯特，今北爱尔兰首府。——译者注

爱尔兰陷入一片恐慌。贝尔法斯特民众开始组织自卫军队。其他城镇纷纷效仿，很快，就组建了一支6万人的志愿军队。

爱尔兰的反应如此迅速，英格兰对此很犹豫；但她又怎么能否认爱尔兰拥有自卫权呢？爱尔兰人获得了原本应拨给新教徒军队的武器。下议院向爱尔兰总督请愿，并让总督将请愿书交给国王，这时，议院身后有6万全副武装的军队支持！

爱尔兰总督致信给英国，声称，除非解除贸易限令，不然就要动武了。这时英国对爱尔兰已经很头疼了，此外，为了对付美国，英王乔治三世还需要约6万将士。于是，英总理大臣做出了妥协。爱尔兰赢得了第一次胜利，随后很快又赢了一次。英国宣布美国独立；之后便再也没有心情对抗另一个反叛的殖民地了。《波伊宁斯法案》再次得以恢复，并且之后再没有撤销过，爱尔兰议会成为了一个独立自由的机构。虽然爱尔兰还没有彻底解放，但议会还是心怀感激，于是筹集了10万英镑以酬谢格拉顿。

但这次宪法上的胜利并没有给人们带来繁荣和自由，这次胜利只是为未来的繁荣昌盛播下了种子而已。人们原本对新的生活产生了一丝期许，但后来却发现，实际上，他们日渐陷入穷苦和堕落，无法自拔，于是期许转而变成了绝望。这时出现了一个名叫"白小子"的组织，这个组织没有任何政治和宗教追求，只是一群穷苦民众的联谊会，他们极度绝望，随时准备加入任何追求自由的暴动之中。与此同时，由痛苦而生的怒火使北爱尔兰的新教徒和天主教徒们爆发了激烈的冲突，之后，奥兰治自治州形成雏形。

这些小暴动很快就聚集成了一个大飓风。1791 年，"团结爱尔兰人组织"在贝尔法斯特形成。这个组织所有爱国者都可以加入，教别不同都可以忽略。随着起义的进行，这个组织的特性发生了改变，落入了沃勒福·托恩的手中，他坚称，既然宪法改革失败了，那他们就该动武了。他向法国巴黎派遣使团，新的法兰西共和国政府同意帮助他们在爱尔兰建立共和政权。

1798 年结束时，爱尔兰又爆发了一场革命，但没有取得成功。沃尔福·托恩和爱德华·菲茨杰拉德（爱尔兰杰拉德王朝的人）在他们鲁莽建造的王朝废墟中灭亡了。弗乐德和格拉顿则避免了这一灾难，此时离那次并没有造成什么巨大影响的宪法上的胜利已过了 18 年。英格兰意志坚定，英国政治家皮特[1]一直认为，撤销爱尔兰议会，并合并爱尔兰和英国的政法系统才是唯 的解决之道。爱尔兰新教徒们已经明白了撤销议会会得到怎样的保护，给天主教徒的诱饵则是获得解放，并且很快就能获得自由。然而，这一政策却并未获得成功，格拉顿对此极力反对，而措施很快就被撤销了。随后，爱尔兰开启了最黑暗的一页篇章。

众所周知，爱尔兰 85 个即将撤销的自治郡县的领主们获得了大量钱财——因为即将合并爱尔兰和英格兰——贵族和爵士们都被遣散，很快，就重新开始撤销议会了！于是，按照 1800 年通过的《合

---

[1] 1759-1806 年，1783 年时任首相，迄今仍然是英国历史上最年轻的首相。——译者注

并法案》，爱尔兰议会被撤销，爱尔兰和英格兰从政治上合并了。显然，爱尔兰人很不满意这次合并，他们怀疑英格兰暗中使用了什么不光彩的手段，但是 100 年里却并没有得到任何证明。对爱尔兰而言，在当时的情况下，合并可能是最好的出路了，但对爱尔兰的爱国者们而言，这次合并是通过背叛祖国而实施的最高级别的压迫。

从统一到帕内尔之死

油和水是不能相溶的。这个所谓的联邦并不是真正的联邦，英格兰与爱尔兰的本性是相互冲突的。多个世纪对他们的残酷暴行已经让爱尔兰所有民众义愤填膺。一个原本淳朴、容易相信别人、天真、善良的民族已经养成了多疑、暴躁、易怒的个性。原本好斗的个性发展成了凶猛。原本无忧无虑、率真快乐的民族变成了一心只图复仇的民族；饥荒、贫困和漠视给这一个大民族贴上了农奴的低等标签。多个世纪遭到禁止的两族通婚是让两个对立的民族融合的唯一办法。通婚的政策本来对双方都是有利的，能让爱尔兰人的地位得以巩固，而英格兰人冷漠的个性中会融入爱尔兰人的魅力和天赋。但现在让他们通婚是不可能了，开明的英国政治家仍然要思考，要怎样才能将这有名无实的联邦真正联系到一起。

联邦合并之后，英格兰向爱尔兰承诺的自由并没有得到完全实施。天主教徒仍然像以前那样受到严格的束缚，事实上，一切都没有发生改变。1803 年，爱尔兰民族主义者小罗伯特·埃米特尝试攻占都柏林城堡，却并没有获得成功，这一行动稍稍改善了爱尔兰局势，却并没有从根本上使大局得以改变。被俘之前，埃米特跟未婚妻萨拉·科伦简短道别，第二天就上了绞架身亡，这只是当时爱尔兰大悲剧中的其中一个小悲剧；不久之后，萨拉因心碎而亡，而这个小故事也成为了爱尔兰诗人托马斯·穆尔（1779–1852 年）著名诗作的题材。

《新土地法案》

爱尔兰史上最伟大的人物丹尼尔·奥康奈尔（1775–1874 年）也就在这时应时而生。与其他爱尔兰的伟大领袖不一样，他是一个天主教徒。换句话说，"他是爱尔兰民族的化身"。他的影响力非同凡响。天主教的解放运动中，他发挥了极大的作用。尽管他权势极大，口才也很棒，但他完成整个运动也耗费了二十九年时间。1829 年，就连英国保守派代表威灵顿公爵韦尔斯利 [1]，也在风暴面前低下了头，天主教徒的境况完全得到了改善。但奥康奈尔仍然不满足，他没有停止步伐。最令人反感的压迫，什一税 [2] 必须取消。一个饥肠辘辘的民族居然要向他们认为是亵渎他们神明的教会缴税！爱尔兰本土的常备军

---

[1] 韦尔斯利，英国军事家，政治家，在滑铁卢战争中击败了拿破仑，后被任命为首相。——译者注

[2] 什一税，教区内的农民以年产量的十分之一缴纳教会的税。——译者注

队试图在剑刃砍过来的时候扭转乾坤！想想吧，这是一个深陷欧洲最严重饥荒的民族，骑在他们头上的是他们反对的教会，但教会还要他们交大量税额，所以他们只好拖欠，拖欠了100多万！英国军事家西德尼·史密斯[1]说过，再没有比在廷巴克图（爱尔兰城市）遭到的辱骂更大的了，这样说一点也不奇怪。爱尔兰长期暴乱，死一百万人一点也不奇怪。但维多利亚女王执政的第二年，即1839年，议会以如下这种独特的方式减轻了人们的负担：负担多少完全按土地来定；地主必须缴纳什一税，而平民无需缴纳！这一政策引起地主阶级的恼怒，地主们所采取的行动人们已经差不多都习以为常了。当然就是增加租金，由此引起的反对增加租金的行动一直没有停息过。唯一的解决方案就是撤销联邦，而奥康奈尔一直都为此呕心沥血。

1845年一个漆黑的夜晚，一场土豆疫病席卷而来。著名作家卡莱尔说"一场饥荒改变了一切"。人们只差一小步就成了饥民了，他们的经济状况会有多糟？这是可想而知的。长期的压迫也必然导致饥荒，我们无需赘述其详情。从"饥荒"这两个字就能看出那两年里爱尔兰人所经受的恐慌，全欧洲和美国都试图

拿破仑

---

[1] 西德尼·史密斯，1764-1840年，拿破仑战争时期担任英海军上将。——译者注

给予援助，但任何援助都没有用，就连获得了食物的人，也难逃死亡的厄运，据说，这些获得食物的人眼见他们无法躲避的灾难掠走了他们的同胞，因心痛而丧命。伟大的奥康奈尔也因为目睹这场民族的悲剧心碎而亡。饥荒结束之后，爱尔兰丧失了二百万人口，更多的难民从国内流亡到美国，并在那里谋求生存，后人将永远铭记他们，以及他们所承受的苦难。

这满目疮痍的爱尔兰土地上，诞生了一支名叫"青年爱尔兰"的组织，约翰·米切尔[1]、史密斯·奥布赖恩[2]、狄龙和米格尔[3]是这一组织的领导者。很快，米切尔就遭遇了流放，随后奥布赖恩和米格尔本已被判处死刑，但后来死罪得以赦免，米格尔随后在美国内战中为北方而献身。这些人参与无关紧要的暴动一点也不奇怪，因为他们目睹了他们的同胞，由于饥荒而无力支付租金，被迫离家逃亡，他们为此痛心疾首。本书前面已经描述了英国地主是如何获得爱尔兰的大部分土地的。转租这一行业也是此时诞生的；当人们察觉，有时候佃户和地主之间还隔着四个领主时，这才发现，要在这样不公平的社会中讲究责任、公平和仁慈是多么艰难。可憎恶的不是地主阶级，而是整个社会体系。对爱尔兰人的驱逐与饥荒造成了爱尔兰人口的急剧减少。

---

[1] 约翰·米切尔，1815-1875年，爱尔兰民族主义激进分子、作家、记者，"青年爱尔兰"和"爱尔兰人同盟"两个组织的领袖人物。——译者注

[2] 史密斯·奥布赖恩，1803-1864年，爱尔兰国王布莱恩·博茹的后裔。——译者注

[3] 米格尔，由于加入该组织，参与民族运动，被放逐至英国当时的罪犯流放地澳大利亚塔斯马尼亚。——译者注

成百上千万的爱尔兰人逃亡到了美国；这种残暴的制度怎样描述都不夸张。英国人对爱尔兰的病人和死者没有一丝的怜悯和同情。爱尔兰人必须离开，并决心不再回来，因为房子的屋顶都被揭掉了！如果有奄奄一息的人在星空下的路边死去，用米切尔的话来说，他将"睁开那垂死的双眼，感谢上帝，他死在了这世间最美的苍穹之下"！

美国内战结束时，爱尔兰人普遍认为，英国与美国的紧张关系很可能演变成公开的斗争。一个名为"芬尼亚会"[1]的组织计划在爱尔兰举行起义，与英军通过美国突袭加拿大的时间相同。

美国政府在加拿大突袭事件中发挥了很大的作用，这次行动和其他国内暴动的失败打破了人们对所有类似"芬尼亚会"的组织的信任。

1869年，格拉德斯通[2]策划已久的撤销英国国教会在爱尔兰的统治的计划终于实现了。一直期待着这一梦想的人都已经不在了，此时的爱尔兰再没有人有心情来为此而欢呼庆祝了。"地方自治"是唯一能唤醒希望的短语。有自由党派支持，梦想似乎有了一丝实现的希望。1875年，查理·巴内尔[3]成为了下议院成员，随后成为了地方自治党派的领导者。但是，这4年时间还是有1万爱尔兰人流亡到国外。这

---

[1] "芬尼亚会"，根据古代爱尔兰传说，勇士芬尼是公元2到3世纪保卫爱尔兰的勇士中的一个，芬尼亚会也是因此人而得名。——译者注

[2] 格拉德斯通，1809-1898年，英国自由党派政治家，从政时间60多年，曾分别四次担任英国首相和财政部长。——译者注

[3] 查理·巴内尔，1846-1891年，爱尔兰爱国主义政治家，也是19世纪80年代时英国下议院最有权势的人物之一，1880年，他成为了"地方自治联盟"的首领，两年后，他发起了"地方自治联盟"的革命，将其改称为爱尔兰议会党。——译者注

一问题变得非常紧迫，他组建了一支"国家土地联盟"的组织，其目标就是摆脱当时的压力，并以农民小土地所有制取代地主土地所有制；巴内尔先生余生都在为这个梦想而奋斗。巴内尔阁下运用的武器是议会，他在议会立法时采用了阻碍性的理论，这引起了公众的怒火，并导致了他自己与自由党派的最终决裂。1882年，弗雷德里克·卡文迪什[1]勋爵遇害，巴内尔被怀疑是这次遇害案的元凶，以此反对格拉德斯通的"地方自治法案"，1886年，巴内尔的"地方自治联盟"遭到镇压，这一未竟的事业只能交由后人来完成。

虽然"地方自治"的门仍然紧闭着，但人们的活动仍然无意间打开了另一扇门。爱德华七世即位之后，首先处理的问题之一就是爱尔兰的土地问题，这位实际的国王将解决这个问题视作处理爱尔兰臣民矛盾的最关键步骤。这一政策促成了农民小土地所有制的形成，是由政府同意并拨款支持的。这一结果使《新土地法案》于1903年11月1日起实施，根据法案规定，承租人和佃户以及非佃户的其他人员可以购买小块的土地，并将之视作自己的财产，只需按契约缴纳一小笔年租金即可。造成这一让地主、佃户和政府本身都得利的因素，本文无法详述。这样，似乎还是有一种补救办法能弥补所有过错，而且让爱尔兰人萎靡不振的社会环境完全得到改观。由于小土地所有制而使爱尔兰人有了长久的和平生活，甚至还获得了别人的尊重，爱尔兰不

---

[1] 弗雷德里克·卡文迪什，1836-1882年，英国自由党派政治家，当时是首相格拉德斯通的拥护者。——译者注

幸的农民阶级也开始期盼属于自己的光明。

爱尔兰恰好位于欧洲强国之一英国的旁边，这真是不幸。多个世纪以来，爱尔兰都在反抗英格兰的"专制统治"。1171 年，接受英格兰统治之后，爱尔兰从未摆脱过英格兰的控制；爱尔兰从未真正控制过自己的都城，这座城市是由诺曼人建造的，自那时以来一直是爱尔兰的政治首府。当然，大家都知道，英国政府对爱尔兰人"地方自治"的能力提出的质疑，实际上是对英格兰政府在爱尔兰的地位产生了怀疑，而并不是真的关心爱尔兰人的自治能力。

接受生死判决的时候，弗朗西斯·米格尔称："如果说我犯过什么过错，那也是由于我读过爱尔兰历史！"要在爱尔兰反抗英国统治，无需成为爱尔兰爱国主义者；只要读到以英国国教会的名义在爱尔兰实施罪恶的历史，新教徒们都会感觉自惭形秽。

但是，回顾八个多世纪的反抗所取得的结果，爱尔兰人放弃抵抗"专制统治"，抛弃心中对"统治者"的成见，难道不是明智之举吗？英国正在努力用公平来化解与爱尔兰之间的矛盾，尽管爱尔兰曾经饱受伤害，但此时接受橄榄枝，宣布停战，不正是时候吗？

苏格兰简史

早期的凯尔特时代

大不列颠群岛北部，山峦林立，海岸线参差不齐，这就揭示出了这里居民的个性特点。苏格兰就位于这群山的环抱之中，尽管苏格兰人的个性改变了不少，但卡里多尼亚[1]这个词仍然是这个奇特的、热爱和平的民族的代称，一世纪时，这个民族被称为皮克特人，他们反抗阿古利可拉[2]及其率领的罗马军队，踏平了罗马人所修建的防御城墙。即使他们的名字是借鉴了爱尔兰的，即使他们使用的是盎格鲁－撒克逊人的语言和政务体系，他们也只是将别人的名字、语言和政务体系，当成了他们使用方便的工具，他们仍然为自己的民族感到自豪，这个民族的木性从来未曾更改过。

罗马入侵约4个世纪之后，一群苏格兰人（也许是爱尔兰人）迁居到了苏格兰的海岸，在弗格斯的率领下，他们在阿盖尔郡（Argyleshire）建立了自己的小王国，还带上了一块神圣的"命运之石"，据记载，有一大群苏格兰国王就是在这块石头上登上了王位，按传统习俗将这块石头命名为"雅各布之枕"。皮克特人和爱尔兰－苏格兰

---

[1] 卡里多尼亚，苏格兰的古称。——译者注
[2] 阿古利可拉，公元37-93年，古罗马大将。——译者注

人都是凯尔特人的后裔，他们也跟英格兰人一样，会为了大家共同的利益而开战，他们的第一个对手就是罗马人。共同的敌人使不同的人团结一致，5世纪以后，大量的敌人使居住在一块陆地上的两支不同民族团结了起来。然后，因为有了相同的信仰，两支民族的相处更加和谐了。圣高隆[1]的地位被圣尼尼安[2]取代。然而，像圣帕特里克为爱尔兰－苏格兰人所做的那样，为皮克特人付出的人是那个来自多尼哥的爱尔兰人圣高隆。在苏格兰的教会历史上，再没有比爱奥那岛的修道院传播出来的教义更纯粹了。

爱尔兰－苏格兰人仅仅占了苏格兰一小部分地区，他们的名字为什么与他们的居住地紧密相关，这个问题的答案无从得知。也许是因为那块奇妙的命运之石吧！皮克特人王国的政治中心在苏格兰中部的泰河流域的斯昆村[3]。844年，皮克特国王肯尼斯一世[4]对爱尔兰－苏格兰人开战，阿盖尔郡的小王国与皮克特人的王国合并，11世纪时，皮克特人的名字已经消失，这个合并后的王国被称作苏格兰。接下来的两个世纪里，这个王国先后由四位国王统治，期间各部族冲突不断，

---

[1]　圣高隆，521-597年，爱尔兰裔的基督教传教士，在苏格兰爱奥那岛建立了一个重要的修道院，这个修道院多个世纪都是这一地区的宗教和政治机构。——译者注

[2]　圣尼尼安，生卒年是4到5世纪之间，是苏格兰的基督教圣徒，8世纪时，他成为了今苏格兰地区皮克特人最早的传教士之一。——译者注

[3]　斯昆村，位于英格兰中部的村庄，1651年前曾是数位苏格兰君主的加冕地。——译者注

[4]　皮克特国王肯尼斯一世，810-858年，据传说，他是苏格兰人的第一任国王，后被称为苏格兰"征服者"。——译者注

加上丹麦人和国境边盎格鲁人的侵犯和相互斗争，这里战乱不息。在特威德河[1]击败盎格鲁人之后，国王马尔科姆二世继承了王位，夺取了洛锡安[2]，将这块古老的英格兰土地划归苏格兰所有。1034年，国王逝世，将王位传给了孙子邓肯。在这个小国的舞台上，有跟大国类似的觊觎王位的戏上演。苏格兰乡绅地主们试图排挤掉其他地主们，而诺曼贵族和苏格兰－英格兰爵士们之后也步其后尘，就跟其他时代其他地方的历史一样，野心勃勃的贵族有可能因幸运之神眷顾，而在斯昆夺得王位。

从马尔科姆三世到罗伯特·布鲁斯

格拉姆斯公爵麦克白，从出身而言最靠近王位。他的妻子"非凡的勇气"已经众所周知，她就拥有王室血统。我们还知道，"命运三女神"的预言成真后，这颗曾经单纯的灵魂受到了怎样的野心毒害。早在距莎士比亚时代一个世纪之前，这个故事就被记录在博伊斯[3]的《苏格兰编年史》一书当中了。该书是用拉丁文写的，16世纪时被译成了苏格兰方言。它讲述了麦克白、班柯[4]和"命运三女神"之间的会面。

---

[1] 特威德河，英国河流，经苏格兰南部和英格兰东北部，注入北海。——译者注

[2] 洛锡安，今苏格兰东北部行政区。——译者注

[3] 博伊斯，1456－1536年，苏格兰哲学家和历史学家。——译者注

[4] 班柯，莎翁悲剧《麦克白》中的人物。——译者注

"一个女神喊道：'向您致敬，格拉姆斯公爵！'第二位女神喊道：'向您致敬，考特公爵！'第三位女神喊道：'向您致敬，苏格兰国王！'于是，班柯问道：'你们为什么不仅给了我的同伴美女和大量的财富，还让他统治整个王国，而我却什么也没有呢？'她们回答：'尽管他会成为国王，但将无人继承王位。你不一样，你不会成为统治者，但是你的后人会成为国王，而马克康将成为苏格兰国王。'说完，女神们便消失了。这让麦克白和班柯两人感到可笑，而且，"与此同时，班柯将称麦克白为'苏格兰国王'，而麦克白也会称班柯为'国王之父'"！不久之后，当时的考特公爵因为某些罪名而被处死，国王邓肯将考特公爵的爵位及其所有财产都授予了麦克白。第二天晚上，正巧班柯和麦克白一起吃晚饭，班柯提醒麦克白，要实现预言必须先成为国王。因此，他开始准备篡夺王位。后来，邓肯任命年轻的儿子马尔科姆为王位继承人，"马尔康对麦克白非常失望，因为这样，第三位女神'马尔康将成为国王'的预言并没有实现。"尽管如此，麦克白还是认为，只要邓肯的战争结束了，他就会成为国王，因为按照古老的继承法规定，他就是国王最亲近的亲人，古老的继承法规定如下：'若王室的年轻一辈无法继承王位，那么王室最亲近的血脉可以继承'。当他的妻子"经常责骂他不像个男人，因为他没有做出任何能显示男人勇气和胆量的事来，他便将马尔康当成了绊脚石"。于是，"麦克白找到了合适的机会，杀害了苏格兰第七任国王邓肯，尸体被葬在苏格兰东北部城市埃尔金，后来转移到了圣高隆的王室墓地，年份：1046年"。

　　莎士比亚无疑读过这个故事，然后，他运用自己天马行空的想象力，创作出了一部不朽的巨著《麦克白》。斯昆附近的邓斯那恩和博南两个地方，也因这部著作而出名，人们对这两个地方心驰神往。这些故事当时人们认为可能并不是真实的，我们现在已经得知它们确实不真实。但麦克白确实杀害了邓肯，成为了苏格兰国王，最终在博南森林的邓斯那恩遇到了"复仇女神"，昵称坎摩尔的马尔科姆三世报了杀父之仇，杀害了篡夺王位之人，并于1054年登基，成为苏格兰国王。

　　莎士比亚所选择的时间点是一个至关重要的节点，它是苏格兰新旧王国的分水岭。麦克白的统治标志着凯尔特时代的结束。随着马尔科姆三世的即位，盎格鲁－撒克逊人和苏格兰－凯尔特人开始走向合并统一，而这统一原本也是日耳曼人的政治理想。马尔科姆三世的母亲是英格兰诺桑博兰郡公爵的姐妹。因此，邓肯的儿子有一半的英格兰血统；后来，他的朋友和贵宾，撒克逊王位储君埃德加的妹妹玛格丽特嫁给了他，于是，埃德加和他一起反抗"征服者威廉"，却并没有获得成功，于是便归顺了威廉。这时是1607年，正好是威廉征服英格兰之后的第一年。在英格兰史上这一关键性时刻，北方和南方之间一直紧锁的大门才得以完全敞开，当然，某些时候，因为采用暴力手段，这张门也被撞开过。在埃德加的率领下，一群撒克逊贵族涌入了苏格兰，很快就成为了争夺苏格兰王位的最强势力，将新的语言，新的行为方式和新的风俗习惯带进了斯昆，正像诺曼贵族们在伦敦所做的一样，用一种更先进的文明替换掉这里的原始文明。撒克逊贵族认为诺曼贵族的习俗很讨厌，而苏格兰贵族和人民也认为撒克逊贵族的习俗很讨厌。然后，马尔科姆三世将大量土地赐予了他的外国使者们，并给予了封臣们无限的权力，苏格兰自由的土地上诞生了封建主义社会。随着社会的变迁，苏格兰逐渐形成了一种新的方言，这种方言结合了撒克逊人的语言和苏格兰本土方言的特色，随后成为了官方通用语和苏格兰南部强势部族的语言。接下来的几任国王任期内，两个民族继续融合，凯尔特的语言、风俗习惯融进了苏格兰北方坚实的高地之中，使这个坚强的民族更加结实。这一政权持续了150年时间，王室公开与外族联姻，颠覆了以往不与外族联姻的惯例，使外族的封建主义停驻在南方，而易怒的、好战的凯尔特人却仍然在北方继续自己的生活，并未受到这一次影响。

诺森布里亚当时没有划入英格兰的疆域之中，是苏格兰和英格兰的争议区，苏格兰国王很希望能将这个地方收归己有，所以他们在这里不断开战，战火焚烧过这里所有地方。1174年的某次战争中，苏格兰国王"雄狮威廉"被一群英国贵族俘虏。之前，英格兰亨利二世已经征服了爱尔兰，并在当地确立了封建主义的统治。此时，他看到了和平解决与苏格兰争端的机会。他要求被俘的国王威廉承认英格兰封建领主的地位。这一要求得到了接受，包括苏格兰在内的五个小国都表示臣服英格兰。15年后，十字军将领理查一世宣布，苏格兰重获自由。但是，噩梦还是会重现的。在英格兰政府将苏格兰变成自己的附属国时，苏格兰国王便不再坚持征服苏格兰高地和西北部地区了，这些地区的独立民族当时还没有臣服于苏格兰。

1286年，苏格兰国王亚历山大三世死亡了，只有一个小外孙女能继承王位。亚历山大三世的女儿曾嫁给了挪威国王，很快便死去了，只留下了还未成人的小女儿。正是由于这个小女孩，王位才得以受万人瞩目。老国王曾指定六位贵族为摄政王，代替小外孙女掌管国事。后来，英格兰的爱德华一世将小女王指婚给自己的小儿子。这场婚事得到

亚历山大

了苏格兰的接受。苏格兰派船迎回了自己的小女王，船上还载着大量爱德华赏赐的珠宝和礼物；但船还未到苏格兰的奥克尼郡，小女王便死了，爱德华的计划落了空。当时有很多人都觊觎苏格兰的王位，但他们都没有直接的继承权利，于是为此争执不休。这时候，有八位野心勃勃的贵族试图篡夺王位，英国国王爱德华一世插手解决这场纷争，最后，将王位的争夺者减少成了两人，布鲁斯和贝利奥尔，两位都是前苏格兰国王戴维一世的后裔。

从罗伯特·布鲁斯到詹姆斯一世

当时，爱德华之所以能调解这场纷争，是因为他是苏格兰的领主。我们现在无法去判断，爱德华这样荒诞无理插手别国的纠纷，为什么没有遭到任何反抗。但我们知道，那些野心勃勃的家伙及其支持者们

并不代表苏格兰人民，而是上层的贵族，并且他们已经加入了英格兰阵营。那么，王位空缺使国家陷入混乱之时，他们为了能轻易得到王位而甘愿付出这样的代价也就可以理解了。苏格兰并不是一个有机的统一体，表面上看起来统一是因为有国王统治，当王位空缺时，国家就陷入了混乱之中。必须马上有人在斯昆登基成为苏格兰国王。于是，爱德华以领主的身份，任命约翰·贝利奥尔为苏格兰国王，贝利奥尔在斯昆登基，史称约翰一世，他宣布效忠于英格兰国王爱德华一世，并且承认，苏格兰成为英格兰的附属国（1292 年）。这整个过程，决定了一个国家的未来，却无视了苏格兰这个民族。这是苏格兰贵族、教士和英格兰国王的安排。苏格兰为此举行了盛大仪式，仪式上，英格兰使者宣布爱德华国王为苏格兰君主，这场纷争的调解也就此结束。不过，这些人都忘记了，格兰屏山区之后有一支骄傲的苏格兰民族，他们的国家变成英格兰国王的领地时，他们的心都碎了。不久，贝利奥尔就意识到，他交易得来的荣耀其实是多么空虚。苏格兰议会和法院向爱德华一世提出申诉，要求爱德华取消约翰一世的王位。申诉方案很快就提交给了英国，而约翰一世被爱德华一世传召到伦敦，向曾经羞辱他的英国议会要求为自己的权益辩护。

　　1295 年，贝利奥尔忍无可忍，扔下了有名无实的王位，与法国结盟，并率领一众愿意效忠他的贵族们，准备反抗爱德华的统治；恼怒不已的爱德华率军入侵了苏格兰，闯进了一座座城市，攻克了一座座城镇和要塞，并带走了斯昆的"命运之石"以作纪念，饱受屈辱的苏格兰王国内，只有懊恼的国王约翰一世，孤独而无助。随后，这块著名的

"命运之石"便安在了英国的加冕宝座上，一直到今天。

接下来，我们要讲述的这个人名叫威廉·华莱士，他就如华兹华斯所言，"就如同野花一样，遍及他祖国的每一个角落"。到处都有他的纪念碑。他的故事很简单——他致力于解放苏格兰，并曾取得过短暂的成功，后来被英国国王爱德华一世击败并处死，不过，他赢得了所有苏格兰人对他的景仰和崇拜。威廉·华莱士出身于苏格兰的一个低等贵族之家，并没有宣誓过效忠爱德华一世。他的事业是从攻击宣誓效忠英国的小城开始的。他和他的支持者们无往不胜，他们的势力逐渐增强。爱德华也了解到，他的附属国苏格兰爆发了一场反动起义。但爱德华并没有太过介意，因为他认为，自己拉拢了所有的贵族，没有贵族参与的起义怎么能成气候呢？因此，他只派了小部分军队去镇压。数周之后，爱德华亲自率军攻打苏格兰。听说国王爱德华率军抵达了苏格兰中部城市斯特灵时，华莱士正在围攻敦提[1]城堡。于是，他率军赶到斯特灵桥，当时，5万英军仍然在河对岸。英军将领明白自己并不占优势，因此要求谈判，华莱士告诉他们，谈判可以，条件就是"苏格兰获得自由"，英军不同意。于是，他们开始过桥，向英军发起袭击，这让英军十分惊慌，英军大败，大部分将士都在溃逃时被杀或是溺水而亡（1297年）。约翰一世已经不在苏格兰，被囚禁在伦敦塔里，因此华莱士成为了至高无上的统治者。但不到一年，爱德华率军队重返苏格兰，军队人数远超过苏格兰本国的军队，华莱士

---

[1] 敦提，苏格兰东部城市。——译者注

在福尔柯克[1]遭遇了惨败。随后，仍然希望解放苏格兰的他最终被击败，并在英国城市格拉斯哥被捕，然后被押送到伦敦受审，被判叛国罪。如果英国以违法造反的罪名定罪会更恰当，因为华莱士确实是在违法造反，但他从不是叛国贼，因为他并没有宣誓效忠爱德华。他只是对侵略祖国的敌人发起还击，为此，他遭遇了严刑拷打，经受了所有残酷的诺曼刑罚，并像一个重罪犯一样被处死，这激起了所有革命者的恐慌（1304 年）。但他的任务已经完成了。他燃起了苏格兰人的爱国热情。他的名字就像号角一样，能催促人们奋起反抗，苏格兰诗人罗伯特·彭斯的评价足以印证这一点："华莱士的故事给我的血液中注满了对苏格兰的热爱，这种爱意会一直在血管中沸腾，直到我生命的结束。"能被吟游诗人称赞可是凯尔特英雄的无上荣耀。死亡又怎么样，无论多么可怕的死法，能在五个世纪后还得到苏格兰最伟大的吟游诗人如此赞誉，那也值得！

我们总是将布鲁斯这个名字当成苏格兰的民族主义及其对自由的向往的代名词。但当时，这个名字并没有这个象征含义。这个家族的祖先是诺曼爵士罗伯特·德·布鲁斯，他是"征服者"威廉的随从。他的儿子罗伯特，是苏格兰国王戴维一世王廷中令人讨厌的外国冒险家之一，戴维一世还任命其为安南岱尔[2]公爵。罗伯特也是首位安南岱尔公爵，他的孙子娶了戴维一世的孙女伊莎贝尔，因此，布鲁斯家

---

[1]　福尔柯克，苏格兰中部城市。——译者注
[2]　安南岱尔，今苏格兰一地名。——译者注

族的这一支也有王位继承权。与贝利奥尔竞争苏格兰王位的正是伊莎贝尔的儿子，同祖父和父亲一样，名为罗伯特。

　　罗伯特在王位竞争战中失利时，他的孙子罗伯特·布鲁斯才12岁，但这位小罗伯特可是苏格兰史上最伟大的人物。再没有哪个家族比布鲁斯家更得英格兰国王的信任，也没有哪个家族比他们更顺从英格兰国王。小罗伯特的父亲年轻时曾随英国国王爱德华一世去巴勒斯坦，他自己也是受英式教育而成长的。他的母亲是英国人，在英格兰有大量的产业，事实上，他有加入英国阵营的一切条件。他和他的父亲，以及苏格兰国王与其他苏格兰 – 诺曼贵族一样，跟随英格兰国王成功对苏格兰发起攻击，打败了贝利奥尔。而华莱士起义的时候，罗伯特·布鲁斯一点也不看好他们。罗伯特·布鲁斯认为，这群人不过是图谋造反，必须用强劲的手段镇压。华莱士反抗的是一个强势的主子，而他的祖先原本都是顺从于这位主人的。这场变革被人们怎样解读，这位冷静而又热切的革命者的精神是如何被摧残的，我们只能做个推测。是由于蓬勃的野心引起的激战吗？华莱士的英勇是否唤醒了人们，也激起了他自己的爱国之心？还是由于这位领袖和政治家有先见之明，在逐渐兴起的人民起义中找到了机会，既解放了苏格兰，也让他自己获得了王位？

　　无论如何，罗伯特·布鲁斯的灵魂已经发生了改变。他的态度摇摆不定，时而倾向华莱士一边，时而又倾向国王一边，直到1304年，华莱士死后，他与兰博顿主教秘密达成协议，一致对抗英格兰人。之后不久，在爱德华的宫殿里，他发现，国王爱德华已经知道了他们之间的协议。除了逃亡，再没有别的退路，于是，他跳上了马匹，迅速返回了苏格兰。开弓没有回头箭，只能夺取王位了。唯一一个与他竞争苏格兰王位的就是科明。他们试图就王位继承达成协议，但双方都为此争论不休，于是，布鲁斯杀害了他的对手。这是有预谋而为之还是由于一时冲动而为的，谁知道呢？但是，科明是他登上王位的唯一障碍，而布鲁斯杀害了他，这个苏格兰最有权势的贵族！英格兰和苏格兰大部分民众都会为此而反对他，但他却已经没有了退路。他做了一个大胆的决定，于是，1306 年，他马上赶赴了斯昆，在一小帮拥护者支持下，登上了苏格兰王位，成为苏格兰国王。很快，他便发现，他为之不惜一切代价要得到的事业是多么难以巩固。北方的爱国主义者不信任他，而在南方，被害的科明的朋友们对他恼恨不已。此时，英国国王爱德华从未像这样大动肝火过，他发动了侵略苏格兰的战争，并下旨宣称，对反叛者决不留情。他没有能力迎战爱德华派遣来的军队，于是将王后托给亲戚照顾，自己则逃跑了。布鲁斯继承的母亲的遗产全部被充公，教皇甚至将他逐出了教会！他随后在苏格兰北方的高地地区流浪，甚至去爱尔兰海岸上躲了一个冬天，人们都以为他已经死了。王后和家族中的妇女们都被迫逃离了避难所，他的表兄也被绞死了。

如果罗伯特·布鲁斯此时死去，那他就不会被人看作一个爱国主义者，只是一个在试图争取王位的过程中不幸而亡的野心勃勃的贵族。他无畏的灵魂却给了这个故事一个不一样的结局。1307 年，他毫不畏惧地回来了。他率领一众支持者们回来，却遭遇了英军阻击，在苏格兰港市埃尔击败了英国将领彭布罗克公爵，就此，历史的潮流得以改变。他的英勇无畏打动了很多人，接下来的七年，他变成了史上最伟大的将领之一。到 1313 年时，除了贝里克郡[1]和斯特灵郡，其他各郡都向他投降了。但为了对付这位强势的将领，英格兰做好了准备。

在距斯特灵两英里远的一条小河上，布鲁斯召集了 3 万将士，准备去迎战爱德华的 10 万将士。1314 年 6 月 23 日，布鲁斯号令苏格兰人为自己的自由而战。世界永不会忘记，他们是怎样为自由而战的！苏格兰忍受着，只要热血在苏格兰人的血管中流淌，他们就会一直为班诺克本战役[2]而感到自豪！ 27 位英国男爵和两百位贵族，七百位乡绅在战争中身亡，22 位男爵和 60 名贵族人士被囚禁。再没有比这次溃败更让英国丢脸的了。

但是，英格兰仍然拒绝承认苏格兰独立，于是布鲁斯率军跨过国境，入侵英格兰。爱德华要求教皇调解，教皇于是在 1317 年签发了调解协议，致信通知"英国国土爱德华"和"自命为苏格兰国王的绅士罗伯特·德·布鲁斯"。直到后来被任命为"苏格兰国王"，布鲁斯才接受了这一协议，并继续试图攻占贝里克郡。苏格兰议会致信给教皇，现将信件中的一些有趣之处摘录如下：

"上帝都会感到欣慰，在最英勇无畏的国王罗伯特的率领下，我们终于获得了自由，他为此历经所有艰辛和痛苦。我们也决心为他付

---

[1] 贝里克郡，苏格兰古时一郡名。——译者注

[2] 班诺克本战役，发生于 1314 年 6 月 24 日，是英国历史上的著名战役，期间，苏格兰军队以少胜多，大败英军。——译者注

出一切，既是因为他取得的功绩，也是为了他为我们所做的一切。但是，如果这位国王放弃了之前他一直遵循的信念，并认为我们应该臣服于英格兰国王，我们就会将他视作我们的敌人，并另选一位国王，只要我们还有一百人活着，我们就不会臣服于英国。因为我们追求的并不是财富和荣耀、尊贵的地位，而是人人都会甘心为之付出生命代价的自由。"

这段文字所展现的精神产生了效应，教皇同意让布鲁斯成为"苏格兰国王"。而英国，也终于在1328年签署了条约，承认苏格兰为独立王国，但条约中还附上了这样一条："我们宣布，放弃我们这个民族在苏格兰王国用任何手段谋取的一切权利"。

对罗伯特·布鲁斯这个人物，历史学家们的评价不一。当时，要探寻他做这一切的动机就很难，而现在距当时已过了六个世纪，再想探寻他的动机就更不可能了。我们只知道，他从一个孤家寡人变成了苏格兰历史上的英雄人物，解放了苏格兰及其人民。

不久，这位伟大的国王布鲁斯逝世了，大家深感悲痛。无能的戴维二世接替了父亲的王位；受到英国挑唆，巴利奥尔的儿子也很觊觎苏格兰王位，甚至在斯昆自命为国王。当时，英格兰势力强大，国王爱德华三世，因为觊觎法国王位，重新入侵法国，取得了胜利。苏格兰戴维二世因为没有直接的继承者，于是宣称，要将王位留给爱德华三世的儿子莱昂内尔，这真是无耻至极！布鲁斯家族的懦弱之徒听命于那些卑鄙的叛乱贵族们，让祖先的辉煌落入尘埃之中。我们读到这里时，不禁要问：难道他们的祖先如此英勇换来的就是这个结果吗？

花七年的时间，努力让苏格兰摆脱外族暴政，这值得吗？但可以肯定的是，国家的统治者是谁，合不合适掌政都不重要，国家的生命力全在于人。全苏格兰人都因为过去的这一段奋斗史而获得了尊荣。一听到华莱士和布鲁斯的名字，听到他们的故事，苏格兰的孩子们就欢欣鼓舞。

罗伯特·布鲁斯任命女儿玛乔丽为苏格兰最高总督时，他其实决定了两个国家的历史走向，不仅仅是苏格兰，还有英格兰！总督是苏格兰王国的最高职位。自戴维一世以来，这一职位一直由一个家族的人继承，根据当时流行的习惯，官名也成为了姓氏，如今的很多名字都是这样来的。罗伯特·斯图亚特 [1] 与玛乔丽·布鲁斯的婚姻不仅改变了苏格兰的命运，还导致了英格兰历史上的一场革命和一次巨大的危机。正如命运女神对班柯的承诺所言，"这位斯图亚特的子孙将会为王"，因为玛乔丽一脉诞生了十四位国王，其中八位是苏格兰国王，六位既是苏格兰也是英格兰国王（从 1371 年到 1714 年，一共 343 年）。

玛乔丽的儿子罗伯特二世，是首位斯图亚特家族的国王，于 1371 年在苏格兰的斯昆登基。他个性中的弱点，让他成为了自己野心勃勃的兄弟奥尔巴尼公爵的傀儡。事实上，苏格兰一直都是奥尔巴尼公爵在掌权，甚至到罗伯特三世于 1390 年继位时，权势更强大。这时候，苏格兰贵族们在国内获得了绝对的优势，国王罗伯特三世非常可怜，巩固王位非常艰难，他为了自己及太子的安全考虑，不得不给奥尔巴

---

[1] 罗伯特·斯图亚特，他们这一家族的第七位最高总督。——译者注

尼公爵和其他贵族支付年薪。尽管如此，他的大儿子罗斯赛还是被奥尔巴尼公爵和道格拉斯爵士拐走，并神秘死亡，据说是饿死的。痛苦的国王于是将二儿子詹姆斯王子送往法国避难，但途中却被英国船只掠走，英国国王亨利四世将他囚禁在伦敦塔里。很快，罗伯特三世便心碎而亡，被囚禁的王子詹姆斯有权继位（1406 年），在继承顺序上仅次于詹姆斯的奥尔巴尼公爵，仍然掌控着王国，事实上，王国政务多年一直都是他在处理。

法国和苏格兰都对英格兰持有敌意，因此双方的关系也很融洽，后来它们甚至结成了同盟，对英格兰而言，这一同盟关系一直像心口的一把刀。法国军队和财政的支持使苏格兰给予了英格兰沉重的打击，作为回报，苏格兰人会派兵帮助法国皇太子。王室囚徒詹姆斯有了存在的价值，英国国土亨利四世可以利用他要挟法国，以限制法国军队的行动，并约束野心勃勃的奥尔巴尼公爵，亨利四世决心帮助詹姆斯回国继承王位，希望能快速地压制公爵。

以上便是詹姆斯被囚禁的那 18 年里的苏格兰政局。这 18 年里，敏锐的苏格兰王子詹姆斯当时正沉浸在他那个时代最优秀的文化中，在被囚禁的时间里，他也在努力学习英格兰的先进文明和政治历史，他还通读了自己的王国的历史。1424 年，他被释放了，并在斯昆加冕成国王。苏格兰迎来了新时代。他决心打破贵族的权势，为此他付出了非凡的努力！他自己的亲人的问题仍然没有得到解决，他很明白，是谁伤了父亲的心，是谁让自己的兄长罗斯赛饿死的，是谁与亨利四世勾结，将他囚禁了十八年。做下这一切的老阴谋家奥尔巴尼公爵当时刚刚死去，不过，他的儿子却继承了他的爵位。于是，逮捕了新任的奥尔巴尼公爵（国王的堂兄弟）及其部分同谋，并送审，国王的五位亲属在斯特灵城堡前被砍了头。这次是长期的暴动之后怒意的爆发，很恐怖，但却很合理。一位贵族居然肆无忌惮地夺了国王的权力，那他必须将权力归还国王，不然国家就会遭殃。贵族夺权是欧洲王室的通病，这样的病只能通过这样恐怖的手段治愈，后来法国的路易十一（15世纪）、俄国的伊凡雷帝（四世）（16世纪）都用这种手段成功收回了王权。而英格兰收回王权，从"征服者"威廉开始，到亨利八世时结束，大贵族这个时候全都跪倒在亨利八世的脚下。有时候，暴君也会行善。一个国王要想将一群夺权的人赶走，将所有大权收归己有，并不是一件容易的事。

这位最能干的斯图亚特国王詹姆斯于1437年被对手暗杀，曾经他夺去了他对手的权力，他自己家族中的同胞给了这些谋杀者这个机会。他是斯图亚特家族唯一继承了伟大祖先罗伯特·布鲁斯的英雄气概的人，这一家族后来还被卷入了英格兰，给史书上增添了一系列悲剧，这一家族的14位国王，有四位暴死，两位心碎而亡，还有两位被砍了头。

从詹姆斯一世到王室合并

话分两头，我们再来看看詹姆斯一世的个性。苏格兰史上，再找不到一位像他一样的国王，他"非常有男子气概"，擅长各种乐器，如风琴、长笛、瑟和竖琴等，他弹奏竖琴的时候就像希腊神话中的俄耳甫斯[1]一样，他还是个画家、诗人，全世界都为之倾倒——他是个万人迷。回国之前，他娶了自己的心上人简·蒲福夫人，他对夫人的一腔柔情让他顿生灵感，创作出了《国王书》这部诗作，没有哪位诗人国王的作品堪与之相提并论，这也标志着苏格兰诗歌历史的新纪元。该诗作反映了他的生活和爱情——真实与虚幻交汇，像英国作家乔叟和其他中世纪作家一样，用讽喻的手法写作而成。我们可以幻想，这位不幸的年轻人和热心的、多情的哈尔王子之间可能存在着友谊，哈尔王子继位为英国国王亨利五世时，将詹姆斯从伦敦塔中释放出来，并迎进了温莎城堡。詹姆斯在这里度过了囚禁的最后十年光阴，这十年中，他认识了简·蒲福夫人，并完成了《国王书》的大部分内容。

詹姆斯一世生前一直竭力控制国内的动乱，但死后，暴动重新开始了。詹姆斯二世和三世统治期一共五十年，但两位国王并没有实际掌权，这一段时期是毫无意义的，因此也无需赘述。如果说这段时期有什么存在的意义，那就是显示了一个不爱国的王室贵族究竟有多么无耻——道格拉斯、克劳福德、利文斯顿、克莱顿、博伊德，这些人就像是贪婪的野兽，将彼此撕成碎片，反叛失败时，就试图假装归顺以糊弄国王；利文斯顿家族控制住年幼的国王詹姆斯二世，将他囚禁在斯特灵城堡，他们一直是这座城堡世袭的主人，并与克莱顿家族合

---

[1] 俄耳甫斯，希腊神话中的人物，是歌手和音乐家，尤擅长竖琴。——译者注

谋，邀请年幼的道格拉斯公爵和他的弟弟赴晚宴，然后砍掉了他们的头——因此，年幼的国王成年后，在爱丁堡城堡砍了一半利文斯顿家族人的头，这个消息让我们感到欣慰。这时候的混乱都是由道格拉斯家引起的，后来他们失宠，遭到流放。而博伊德家族就此成长起来，他们阴谋推翻了年轻的国王詹姆斯三世，但他们的权势涨得快，退得也快。历史上，再没有比这些贪婪之徒的堕落更令人感到羞愧难当的了。一位苏格兰作家说："这个国家只有杀戮，每一个家族都为野兽设下了陷阱，但是，最后落入陷阱的却都是设陷阱的人。"

这样混乱的时局下，人民又过着怎样的生活呢？这些史书上没有记载，但是我们能够想象到。他们没有政治影响力，就算他们在议会有代表，但这些代表都是没有权力的，因为从没有人倾听过下议院的声音。但我们有理由相信，尽管这里没有政府，但这里的城市居民和农民们创造了独属于他们的文明进化方式。当时流行的更好的生活方式，我们也许能从詹姆斯三世颁布的禁奢侈的法律条文中推断出来，当时还成立了三所大学[1]，显然，尽管政局动荡混乱，但人们还抱有对知识的渴求。这些学术中心诞生了大量"苏格兰学者"，他们的足迹遍及全国，而心怀梦想的年轻人们期望能得到可靠的学位，他们通过这学位便能找到出人头地的机会，而这种机会以前只能靠武力来决定。国内还诞生了一小批民族文化的代表作品和人物。14 世纪是《布

---

[1] 三所大学， 1411 年的圣安德鲁大学，1450 年的格拉斯哥大学和 1494 年的阿伯丁大学。——译者注

鲁斯》的作者巴伯尔，15 世纪则是《国王书》的作者詹姆斯一世，还有亨利森和博伊斯，后来还有彭斯、司各特和卡莱尔。

这时候，英格兰已经变成了因叛乱遭到贬黜的苏格兰贵族们的避难所。奥尔巴尼公爵、道格拉斯公爵和其他人则与英格兰国王展开了谈判，他们表示，承认英格兰的宗主国地位，而英国国王也允诺将苏格兰王位授予奥尔巴尼公爵。但是苏格兰拒绝承认，于是，英苏两国在斯特灵郡附近地区开战了。交战期间，苏格兰国王詹姆斯从马上跌落，然后被变节的贵族们杀害了（1488 年）。贵族们的阴谋策划并没有获得成功，已逝的国王的儿子立刻继承了王位，称詹姆斯四世。这时，英格兰国王亨利七世将自己的女儿玛格丽特公主指婚给年轻的詹姆斯四世，就此开启两国的友好时代。婚礼于 1502 年在苏格兰荷里路德宫举行，人们为之欢呼雀跃，这次联姻产生了深远的影响。

从王室合并到《合并条约》

联姻之后的两位国王任期内，苏格兰与强势的邻居英格兰的关系非常友好。但是，1509 年，苏格兰王后玛格丽特的哥哥亨利，成为了英格兰国王亨利八世。这位国王与家人的关系不亲近，很快，他就透露出敌对的面目来，两国友好的关系也就此打破了。法国和英格兰之间的战争是法国与苏格兰重修旧好的标志。詹姆斯四世亲自率军与连襟亨利八世在特威德河开战，在弗洛登山[1]时不敌英军，溃败而亡（1513年）。

此时，欧洲正悄悄进行着一场精神和宗教的革命，这场革命对苏格兰的影响尤为深远。罗马教会的势力如今已深深扎根于欧洲各国，好像它原本就是在这里诞生的一样。人们都希望看到欧洲的变革，新的思想之水注入了一位默默无闻的德国修道士马丁·路德的头脑中，他试图颠覆旧思想，并在其废墟之上建立新的基督教王国。令人欣喜的是，这时候，新的工具——印刷机已经诞生了，正等着宣传改革的教会的教义，这就像是有人提前安排好了似的！

但是，国王和贵族们勾心斗角的戏码仍然在继续。还未成年的詹姆斯五世成为了新的国王。他重蹈前任国王们的覆辙，陷入孤立无援的境地之中，到18岁时，他已经变成了一个真正的囚徒，形势严峻，他不得不依赖叛国贼们。苏格兰开始了轰轰烈烈的革命。信仰天主教的国王詹姆斯五世别有用心地赐予教会的大主教们，以及开始转信新教的流放贵族们高官厚禄。马丁·路德的书遭到禁止，为了将异教完全驱逐出苏格兰，国王采取了严苛的惩罚措施。为了我们所熟知的理由，英格兰亨利八世变成了新教的热切支持者，他试图将自己的小女儿玛丽公主指婚给詹姆斯五世，并说服他与自己联合起来推翻教皇的权威。但詹姆斯做出了不同的决定，对英格兰影响深远。1538年，他与法国吉斯公爵之女玛丽结婚，并拒绝了叔父亨利八世的和平协议，

---

[1] 弗洛登山，位于今英格兰诺森博兰郡。——译者注

与法国结盟，在国内实施反新教的政策。亨利很不高兴，并开始向苏格兰出兵，这让苏格兰恼怒不已。在索威摩斯时，英苏两军就已经有交火了，这场小战役以苏格兰军的失败收场。这让詹姆斯很头疼，他的心似乎都碎了。他在同一时间收到了女儿玛丽·斯图亚特的诞生与战败的消息。他心头涌上不好的预感，于是萎靡不振，一周后便过世了（1542 年）。小女王玛丽立刻陷入了各种阴谋诡计之中。亨利八世试图将她指婚给自己的儿子爱德华王子，这样他便能将她控制于股掌之中，也能拉拢那些愤愤不平的苏格兰贵族们。于是，两国起草并通过了协议，同意这门婚事，并承认英格兰对苏格兰的宗主国地位。在主教比顿的游说下，苏格兰议会反对这次联姻，于是亨利八世恼怒不已，宣布对苏格兰开战，将苏格兰洗劫一空，然后焚烧，并冷酷地杀害了当地人，尤其指名道姓要杀掉比顿。而与此同时，主教比顿也在努力试图扑灭这迅速蔓延的动乱之火。有人赴死，有人流放。约翰·诺克斯的朋友，革命家威舍特就被处以了火刑。随后，主教比顿也被人密谋暗杀，他的圣安德鲁城堡也成为了阴谋叛乱者的根据地。苏格兰神学家约翰·诺克斯，为了保住教会力量，要求人们投降，于是城堡内的叛军投降于法国军队，而诺克斯则被关押在法国的海船上。

小女王当时才 6 岁，就被许配给了法国国王弗朗西斯一世的孙子，并被利文斯顿公爵带到了法国以求安身，直到婚礼举行。她的母亲玛丽·吉斯是法国的摄政女王，她一直在竭力遏制新教的发展。改革后的新教传播速度令人惊讶。起初，新教的传播是以伦理说教传播的，而不是教义。人们恼怒的正是教士们的道德沦丧，另一方面，教士们则责怪人们阅读《福音书》，并私自进行翻译，他们还指控说："如果每个人都能够解读《圣经》，那还要教士做什么呢？"卡莱尔说，革命赋予了苏格兰一颗新的灵魂。但如果苏格兰没有约翰·诺克斯，那它的命运也会不一样吧！诺克斯对于苏格兰新教会就像是树干对枝叶一样重要。他不仅将自己不屈的生命奉献给了教会，还致力于让枝叶变得繁茂。日内瓦的卡文是诺克斯的朋友和老师。苏格兰的新灵魂正是将卡文这位逻辑学家的思想当成了精神食粮，而卡文主义永驻苏格兰人的心间。

　　女王玛丽与法国皇太子结婚之后不久，年轻的皇太子就继位成为了法国国王，史称弗朗西斯二世，当时，英国王亨利二世也过世了。由于苏格兰教会进行了改革，英女王伊丽莎白派遣舰队和将士迎战来势汹汹的法国舰队。但是，弗朗西斯二世的统治期很短暂。1560年，他便死了。玛丽则决心回到苏格兰。伊丽莎白试图在中途拦截她，但她还是安全回国了，并受到热情的欢迎。玛丽才19岁，长得很漂亮，又有才华，对人彬彬有礼，在欧洲最奢华灿烂的法国国都接受教育，是一个虔诚的天主教徒。她回到了苏格兰，而苏格兰当时刚刚通过议会法案，禁止弥撒，并接受了一种她认为是异教邪说的宗教，这里通行的是最简单的基督教宗教礼仪，约翰·诺克斯是这一教派的领袖人物，并且已经赢得了人心。对女王而言，做享乐的事她最感兴趣，对诺克斯这些人而言就是不可饶恕的罪恶。女王回国以后，弥撒又开始盛行起来，天主教徒们兴奋不已，教堂的大门旁必须派人守卫，诺克斯被赶下了讲道坛，女王的这一行动"对他而言比一万人军队还要令人恐惧"。

冬天，在爱丁堡，享乐派受到了新的攻击。诺克斯谴责女王"一直跳舞跳到后半夜太过分了"。他还发表了一篇《王公陋习》的布道，这可谓是对法国的吉斯家族，女王的叔叔一辈发起的公然抨击。玛丽召见了诺克斯，指责他不尊重自己，引起了人民对自己的谴责和恼怒，并称："我知道你和我叔叔们信仰的宗教不同，因此我不会责备你，但你确实对他们有成见。"最高宗教会议通过了决议，议会必须"禁止所有天主教的偶像崇拜行为，不仅是普通百姓要禁止，女王本人也要禁止"。而玛丽却十分机智地回应称，她"从未接受过新教信仰，也从未拒绝过弥撒。虽然她不会违背自小便信仰的宗教，但她也不会压迫其他人改信自己信仰的宗教，而其他人也不能压迫她接受新教。"

毫无疑问，玛丽做出这个妥协是由于约翰·诺克斯的势力过于强大，而约翰·诺克斯对女王的这一态度也很惊讶。一个令万人倾倒的女王，拥有别人所不能及的外交手腕，并且与欧洲各大天主教国家关系密切，对苏格兰的革新教会而言，她是个不小的威胁。如果没有意外事件发生，女王很可能就推翻了革新教会了。欧洲各国都希望与玛丽联姻。西班牙王室、法国王室、奥地利王室、瑞典王室和丹麦王室，还有英格兰的莱斯特公爵都向玛丽提过亲。玛丽倾心于西班牙的唐·卡洛斯；但后来遭到了反对，随后，她做出了一个出人意料的不幸的决定，与英格兰伦洛克斯公爵的儿子亨利·斯图亚特结婚，他时任达恩利公爵，与女王都是英格兰国王亨利七世的孙子。这是这场婚姻唯一引人注目的一点。亨利·斯图亚特是天主教徒，比玛丽小三岁，身体虚弱，但品行不端。1565 年，婚礼在荷里路德宫举行，玛丽尊称自己的丈夫为国王。然而，这并不能让亨利满意。他要求让自己的后裔继承苏格兰王位，如果玛丽一生无子，那么，他的其他后辈们可以继承。达恩利公爵无礼地使用暴力手段，逼迫女王做出让步，这种无耻之举让女王深感不安和恼怒。她的宠臣是一个名叫利吉欧的意大利人，地位微不足道，长相平平，但精明世故，非常狡猾。按这个条件，达恩利没有理由会嫉妒这个意大利人，但是，他却认为，这个意大利人是他实现宏图的障碍，而且这个人还利用与玛丽的感情压迫其他人，他决心除掉这个人。于是，趁着利吉欧与女王在内阁谈话的时候，达恩利擅自闯进来，劫持了女王，而他的同伙们则将利吉欧拖进了旁边的一个房间里，杀害了他。当然，女王恼怒之下离开了达恩利公爵，并称："我再不是你的妻子了！"但三个月后，她的孩子出生了，她的心似乎也变得柔软了，于是，达恩利公爵患天花的康复期间，她勇敢地走到他床边温柔地照顾他，并让他住到了爱丁堡附近的一栋房子里，以便每天探视他的病情。

1567 年 2 月 9 日，玛丽离开达恩利数小时之后，达恩利遇害了，我们永远也无法得知，玛丽是否导演，或者参与了这次谋杀。

很快，人们就开始认为，博斯威尔公爵是这次谋杀的主谋。虽然法庭宣布将他无罪释放，但公众却认为他与这次谋杀脱不了干系。玛丽取消的正是与博斯威尔公爵的婚姻。无论他是否参与了谋杀，世界都不会原谅她，因为丈夫仅仅过世三个月，她居然就与谋害丈夫的嫌疑人结婚了！就连她的朋友们都孤立了她。后来，女王玛丽被囚禁在列文湖城堡时，签署了文件，同意让儿子继位。女王的一部分追随者，如汉密尔顿家族、阿盖尔家族、西顿家族、利文斯顿家族和弗来明家族和其他人一起，组建了一支支持女王的部队，并帮她逃难，但很快，在格拉斯哥的一次交火中，女王一方失败。此后，玛丽开始了一场漫长、乏味而且无望之旅，这场旅途是死亡之途。她穿过海峡进入了英格兰，让自己落入了伊丽莎白手中。

很快，按照女王签署的文件，她的儿子继位成为了苏格兰詹姆斯六世，当时仅 13 个月大。有一小部分很强势的人们不赞成让詹姆斯六世继位。因此，此时苏格兰形成了两大派系：一派支持女王，另一派不支持女王，而在默里（苏格兰旧郡）爵士的努力下，不支持女王的派系获得了革新派教会的支持。这种境况导致了双方漫长而痛苦的斗争，不支持女王的　派中，有　支新生力量加入了，所以这一派的势力越来越强，到1573年，完全控制了支持女王派的势力。我们知道，苏格兰的宗教革命是由激进派领导者约翰·诺克斯领导的，呈现出卡文主义的特色。而在英格兰，伊丽莎白统治期间，国内通行的宗教仪式则是经过了改良的——实行主教制度。有一群主教，做礼拜，有圣餐仪式。但对苏格兰的革新者们而言，英格兰新教的这些改良措施，就是对罗马天主教会的妥协，他们认为这些跟罗马天主教一样令人反感。英苏两国新教会的矛盾演变成了拥护新教的敌对的各教派之间的争斗，他们都希望取得在苏格兰的主导地位，进而控制国王。一些不激进的新教徒们，支持恢复自苏格兰议会改革以来，便取消了的神职人员的地位。议会除了上下议院，还要增加新教神职人员的机构。这些要求，虽然大部分人都认为是事关教会生死，但也有人认为这些只是个人野心和政治阴谋的体现。詹姆斯六世 17 岁时，接受了在苏格兰已经人所共知的"君权神授"理论。苏格兰新教会为了达到他们的目的，设计让他离开，于是有人假装邀请他参观鲁斯温城堡，然而，他过去了才发现，自己变成了一个囚徒。囚禁詹姆斯的这次阴谋失败之后，苏格兰新教会尽全力保护那些囚禁国王的人，因为他们一直是同一战线，以达成自己的目的。

但詹姆斯已经在两种不同的新教派别中做出了选择，他的选择根据是哪一派能维护王室的神圣特权而定的。挑战王室特权的宗教信仰，他的王国是不可能接受的。长老牧师、教会法院和世俗之流的权势如果远超过他，这种宗教他是不会接受的。国王是上帝指派来的，他当然也就是教会的首领，也有权决定教会的仪式政策。这时候，这位心胸狭隘、少年老成的年轻人的头脑中，就根植了这样的理论，他的整个统治期内采取的政策都是以这一理论为基础的。鲁斯温事件后，他公开宣布，在自己的国度内使用主教制度。

于是，此时的斗争变成了教会与国王的斗争。赢得第一场胜利的是国王。1584 年，议会宣布，无论是处理国事还是宗教事务，国王都拥有至高无上的权力。这一表态将无上的权力都交到国王手中，称："这些天赋的权力都属于国王及其继任者们。"1584 年苏格兰开始的这次风暴，于 1649 年结束，当年，英国国王查理一世也因为王权的问题在白厅被砍了头。王权获得第一次胜利之后不久，1592 年，《至尊法案》又得以恢复，教堂法庭赢得了长老们在议会的权威地位。

自《合并条约》以来的历史简述

罗马天主教会，尽管不再像以前那样频繁插手政事，但在苏格兰的地位也并没有完全消失。它的强硬后台在苏格兰北方高地，苏格兰一万四千名天主教徒之中，有一万两千人仍然对古老的天主教热情不减。正是这一群人，在他们强势的主教们的率领下，期待着玛丽·斯图亚特能恢复天主教的地位；正是法国和西班牙二十年的阴谋诡计让玛丽·斯图亚特一步一步地走到了绝境。那些证实了玛丽头脑简单的妥协信件，是否能作为今天对那些过往的调查证据，我们不知道。但我们知道，玛丽曾经污秽的名声，由于她长期遭受囚禁时，所体现出的不屈不挠和尊贵的个性，而得以闪光，最终，1587 年，她在福泽林盖宫被砍了头。这个故事中有某种东西能打动寻常人，世界至今都为之抹泪。但是，这些根本没有给她的儿子带来任何影响。伊丽莎白签署处玛丽以死刑的文件时，詹姆斯才 20 岁，历史并没有记载，他是否为挽救母亲做出过任何努力，也没有记载，他是否曾为母亲伤心难过。也许正是意识到玛丽还留下了这个儿子，也许是对他坚持主教制度的奖励，伊丽莎白指定他为她的继承人。无论是哪种动机，两国长期的斗争就以如此奇特的方式结束了；詹姆斯并不像以前那样，是在苏格兰至高无上的英国国王，而是一位在英格兰统治的苏格兰国王。1603 年，伊丽莎白过世之后，将王位留给了玛丽的儿子，几天之后，詹姆斯抵达了伦敦，英国臣民为他欢呼雀跃，在"命运之石"的宝座上，他即位为英格兰国王詹姆士一世。

由于篇幅所限，本书只对两国王室统治和宪法分别统一的历史做简要的介绍，王室统一一个世纪之后，两国的法政也合二为一。联邦抵制侵犯苏格兰基督教长老会，查理一世用各种手段禁止英格兰教会礼拜仪式，苏格兰长老会颁布《国民誓约》，宣布永远忠于苏格兰教会；苏格兰教会与英国新教教会结成联盟；克伦威尔推翻封建王朝给苏格兰带来了深远的影响。后来（1689年），苏格兰高地的酋长和部落首领们和雅各比派（又称詹姆斯二世党人），也就是斯图亚特家族的支持者们发起了起义，这次起义是北方的天主教徒们试图恢复被流放的国王及其儿子"伪装者"爱德华·斯图亚特的王位。

英国和苏格兰的某些政治家们认为，只有两国完全统一，才能得到和平。尽管遭遇了强烈反对，但1707年，苏格兰议会还是通过了两国的合并法案。苏格兰派45位代表入驻英格兰下议院，16位观察员进入上议院，长老会仍然得到尊重，其教义仍然保持不变，并仍然管辖"苏格兰这片土地上的所有人及其后代"。随着这一法案的实施，苏格兰议会永远退出了历史舞台。

这一措施的明智性也能从后来产生的影响中得以证实——物质和精神方面都得以发展，人们也获得了和平。经历了多个世纪的混乱、暴政和漫无目的的起义之后，苏格兰终于获得了安宁。她的胜利是道德和学识上的，而不是政治上的。在学识上，苏格兰人堪与世界上的任何民族相提并论，而在道德升华和正义感上，也找不到能与他们比肩的民族。但我们也要坦率承认，与爱尔兰一样，苏格兰同样没能成为一个独立的国度。如果没有旁边的大不列颠，如果没有遭到英国的压迫，苏格兰的政府完全由本国的国王管理，那会诞生一段怎样独特的历史呢？一个英勇的、生机勃勃的、好战的民族，他们天生有对自由的渴望，但却因为堕落的国王和阴险的摄政王，以及野心勃勃的贵族们而受到了阻碍；只有一次，在华莱士和布鲁斯的领导下，这些勇敢的人们奋起革命，推翻了外族的统治，这两位领导者都是诺曼人出身。

苏格兰本国的统治者们从未退缩或害怕过，这支激愤的民族从未有伟大的政治领袖来统领，只有布鲁斯之后的詹姆斯一世才有伟大的君王的品质。这样，我们能对苏格兰做怎样的总结呢？我们是不是应该相信，加入英联邦，用人民的正直、意志力和天赋，以换得她伟大的邻邦英格兰的庇护，苏格兰就有了最好的归宿？

附录

英格兰各王朝及其统治者

盎格鲁－撒克逊族

埃格博特	800 年
埃塞伍尔夫	836 年
埃塞尔博德	857 年
埃塞尔博特	860 年
埃塞尔雷德	866 年
阿尔弗雷德	871 年
长者爱德华	901 年
阿瑟尔斯坦	925 年
埃德蒙	940 年
埃德瑞德	946 年
爱德威	955 年
埃德加	957 年
殉教者爱德华	975 年

埃塞尔雷德二世	978 年
埃德蒙·伊伦塞德	1016 年

丹麦王朝

卡努特	1017 年
哈罗德一世	1030 年
哈尔迪·卡努特	1039 年

撒克逊族

忏悔者爱德华	1041 年
哈罗德二世	1066 年

诺曼王朝

威廉一世	1066 年
威廉二世	1087 年
亨利一世	1100 年
史蒂芬	1135 年

金雀花王朝

亨利二世	1154 年
理查德一世	1189 年
约翰	1199 年

亨利三世	1216 年
爱德华一世	1272 年
爱德华二世	1307 年
爱德华三世	1327 年
理查德二世	1377 年

兰开斯特王朝

亨利四世	1399 年
亨利五世	1413 年
亨利六世	1422 年

约克王朝

爱德华四世	1461 年
爱德华五世	1483 年
理查三世	1483 年

都铎王朝

亨利七世	1485 年
亨利八世	1509 年
爱德华六世	1547 年
玛丽	1553 年
伊丽莎白	1558 年

斯图亚特王朝

詹姆士一世 1603 年

查理一世 1625 年

英格兰共和国 1649–1660 年

斯图亚特王朝

查理二世 1660 年

詹姆士二世 1685 年

奥兰治王朝

威廉和玛丽 1688 年

斯图亚特王朝

安妮 1702 年

布伦思威王朝

乔治一世 1714 年

乔治二世 1727 年

乔治三世 1760 年

乔治四世 1820 年

威廉四世	1830 年
维多利亚	1837 年
爱德华七世	1901 年

皮克特人和苏格兰人统一之后由苏格兰肯尼恩·麦克阿尔平恩开始的苏格兰王朝

肯尼恩二世	公元 836 年
苏格兰与皮克特的统一	843 年
唐纳德五世	854 年
康士坦丁二世	858 年
埃塞斯	874 年
格里高利	875 年
唐纳德六世	892 年
康士坦丁三世	903 年
马尔科姆一世	943 年
因道尔福斯	952 年
达夫	961 年
库伦纽斯	966 年
肯尼斯三世	970 年
康士坦丁四世	994 年
格莱缪斯	996 年
马尔科姆二世	1004 年

邓肯一世	1034 年
麦克白	1040 年
马尔科姆三世	1057 年
唐纳德七世	1093 年
邓肯二世	1094 年
埃德加	1098 年
亚历山大一世	1107 年
戴维一世	1124 年
马尔科姆四世	1153 年
威廉	1165 年
亚历山大二世	1214 年
亚历山大三世	1249 年

空位期

约翰·巴利奥尔	1293 年
罗伯特一世（罗伯特·布鲁斯）	1306 年
戴维二世	1330 年
爱德华·巴利奥尔	1332 年
罗伯特二世	1370 年
罗伯特三世	1390 年

空位期

斯图亚特王朝

詹姆斯一世	1424 年
詹姆斯二世	1437 年
詹姆斯三世	1460 年
詹姆斯四世	1489 年
詹姆斯五世	1514 年
玛丽·斯图亚特	1544 年
玛丽和约翰·斯图亚特共同执政	1565 年
詹姆斯六世（即英王詹姆士一世）	1567 年